習文丛

山水秦馀

以秦馀小学为例的基础教育实证研究

主　编　屈　华

副主编　戴　黎　吴志华

编　委　周信东　蒋　芸

李　静　陈　丽

顾　卫

苏州大学出版社
Soochow University Press

图书在版编目(CIP)数据

山水秦馀:以秦馀小学为例的基础教育实证研究/屈华主编.—苏州:苏州大学出版社,2018.9
(博习文丛)
ISBN 978-7-5672-2594-7

Ⅰ.①山… Ⅱ.①屈… Ⅲ.①小学教育—研究 Ⅳ.①G62

中国版本图书馆 CIP 数据核字(2018)第 204128 号

书　　名: 山水秦馀:以秦馀小学为例的基础教育实证研究

主　　编: 屈　华
策　　划: 刘　海
责任编辑: 刘　海
装帧设计: 刘　俊

出版发行: 苏州大学出版社(Soochow University Press)
出 品 人: 盛惠良
社　　址: 苏州市十梓街 1 号　邮编:215006
印　　刷: 苏州工业园区美柯乐制版印务有限责任公司
E-mail　: Liuwang@suda.edu.cn　QQ:64826224
邮购热线: 0512-67480030
销售热线: 0512-67481020

开　　本: 700 mm×1000 mm　1/16　印张:10.5　字数:183 千
版　　次: 2018 年 9 月第 1 版
印　　次: 2018 年 9 月第 1 次印刷
书　　号: ISBN 978-7-5672-2594-7
定　　价: 39.00 元

序

Preface

秦馀小学自创办初始，即奉行“文化治校　科研兴校”的发展策略。

三年来，我们积极探秘“秦馀”，潜心问道“山水”。

我们推崇巍巍乎如高山之仰止、稳稳乎如峰岳之厚重。我们奉行上善若水，“水善利万物而不争，处众人之所恶，故几于道”。

我校教育倡导做事要像山，有博大的胸怀，雄浑的风骨，刚正的品格，幽深的内涵和坚守的原则。只有“巍巍乎如高山之仰止”，才能把事做好。

我校教育倡导做人要像水，水有极大的可塑性，至柔之中又有至刚、至净、能容、能大的胸襟和气度。水，动中有静，静中有动。我们追求敏学好思，灵动似水。

“做事如山，做人如水”是为人处世的智慧，也是秦馀人从事教育工作的智慧。三年来，我们积极构建“山水”校园文化，努力开展教育教学科研，全体教师都是文化的传播者、课题的研究者。

三年来，我校承担了12项国家级、省级、市级和区级课题研究任务。它们分别是中国智慧工程研究会“十三五”重点课题“‘山水’智慧思维方式下和谐教育环境形成的实践研究”，江苏省教育学会“十三五”课题“进城务工人员子女体质现状分析及干预研究”，江苏省叶圣陶研究会“十三五”课题“引导小学生养成良好学习习惯教学实验”，苏州市教科院“十三五”重点课题“新市民子女体质提升的策略研究”，苏州市教科院“十三五”立项课题“小学语文‘类文本’教学理论建构及实践研究”“猜想在小学语文不同课型中的运用研究”，苏州市陶研会“十三五”课题“学校、家庭两者结合下学生行为规范养成教育的研究”，高新区教研室“十三五”课题“以美育为主导，提升小学生生命价值的实践研究”“打造英语课堂演示与表演艺术化的研究”“以生活为依托感受生活中的图形之美”“小学语文阅读教学中教学设计与实际教学操作的研究”“优化试听感受，整合艺术课堂的研究”。

我们坚信“教育艺术是第一教学力”。所以，全体教师都在努力积聚优良传统文化元素，潜心钻研教育技术，积极进行教育科学研究，不断培植和提升“教与不教”的教育艺术，积极打造四张秦馀文化名片——山水秦馀、生态秦馀、和润秦馀和人文秦馀。

本书收录的文章，是全校教师三年间教育教学研究的成果，总结了教育教学的经验和教训，体现了秦馀办学的思想和理念。

我们遴选这些文章结集出版，希望能够对当下的基础教育有所贡献，敬请批评指正。

2018 年 8 月

目录

Contents

小微课　大作用 …………………………………………………… 陈　丽 / 1
浅谈低年级英语课堂中“延续性情境”的运用 ………………… 陈　琪 / 5
试论如何提高小学英语课堂演示与表演的有效性 …………… 陈　琪 / 8
运用现代网络聊天工具　优化家庭教育课程模式 …………… 戴　黎 / 13
孩子，我该拿什么陪伴你 ……………………………………… 戴　黎 / 18
“三足鼎立”助力小学中年级学生写作 ………………………… 高　雅 / 20
我的一次赛课“旅行” ………………………………………… 高　雅 / 24
小学语文低年级识字与写字教学的“事与功” ………………… 高　雅 / 28
你是我捧在手心的那颗心 ……………………………………… 高　雅 / 31
当今学校体育教育的首要目的之我见 ………………………… 顾　卫 / 33
谈谈做好语文课 10 分钟随堂练字的几点策略 ……………… 姜小艳 / 39
多媒体在小学语文识字教学中的运用 ………………………… 姜小艳 / 43
莫忘“培养良好的学习习惯” ………………………………… 蒋　芸 / 46
老师，请您等一等 ……………………………………………… 李　静 / 53
语文教材需要“一鱼多吃”
——《黄鹤楼送别》教学例谈 ………………………………… 李　静 / 56
如何将音乐元素融入小学美术课堂 …………………………… 刘晓蝶 / 61
一年级小学生不留语文书面家庭作业全攻略 ………………… 屈　华 / 66
家庭教育指导的智慧和策略 …………………………………… 屈　华 / 69
“开心辞典”的启示
——让孩子开心学习 …………………………………………… 屈　华 / 74
以美导真　以美引善：小学生美育的现实意义 ……………… 屈　华 / 78
以生活为依托感受数学课堂的图形之美
——以《七巧板中的奇妙世界》为例 ………………………… 宋玲萍 / 82

从幼儿前书写过渡到写数字的实践研究 …………………… 宋玲萍 / 87
课堂中真正的主力军——学生 …………………………………… 宋玲萍 / 93
静待花开 ……………………………………………………… 宋玲萍 / 99
小学足球趣味化教学的思考 ………………………………… 王　敏 / 102
例谈创意续写 ……………………………………………… 吴赞恩 / 108
浅析小学民族音乐教育的现状与发展
——以苏州高新区秦馀小学校为例 ………………………… 夏露露 / 112
论如何在阅读教学中培养学生口语交际的能力 …………… 徐兰兰 / 117
一切为了运用语言
——薛法根老师《第八次》教学赏析 ……………………… 徐兰兰 / 120
将“生活化”融入低年级课堂表演的几个关注点 ………… 张敏洁 / 124
在小学中低年级段进行编程教学的可行性研究 …………… 张晓雯 / 128
小学语文阅读教学可视化的方式 ………………………… 周信东 / 135
例谈“有我之景”类文本教学 …………………………… 周信东 / 146
借人物关系图，提升读写效率 …………………………… 周信东 / 150
三年级语文学法指导初探 ………………………………… 朱徐来 / 155
自主导引式高效课堂管理模式探究 ……………………… 朱徐来 / 158

小微课　大作用

陈　丽

随着“微博”“微信”“微视频”的广泛应用，我们已经进入了微时代，怎样才能使这些“微”为我所用呢？这就需要我们教师不断创新，不断提高自己的教育教学水平，认真思考，努力实践。微课是一种符合信息时代和教育教学规律的全新教学资源，适用于新的教学模式。微课的本质是面向学生学习的微小课程。

在国外，早已有微课程（Microlecture）这个概念。美国的戴维·彭罗斯（David Penrose）于2008年秋首创一分钟课程。国内的很多专家学者如黎加厚、胡铁生、郑小军等都对微课进行了定义。黎加厚教授在文章《微课的含义与发展》里对“微课程”给出了如下简明的定义：“微课程”是指时间在10分钟以内，有明确的教学目标，内容短小，集中说明一个问题的小课程。目前，我们教学中使用的一般是运用手机或录屏软件录制的微课程。

那么，对于小学语文教学来说，微课又能发挥哪些作用呢？

一、利用微课，培养学生学习兴趣

课堂上经常会有这样的镜头：上课时学生中规中矩地在听，教师头头是道地在讲，可是到了下一节课时，情况会令你大失所望——有不少学生并不能掌握上节课已经学过的知识。问题到底出在哪里呢？我们静心思考一下就会发现，虽然课上得很流畅，但是学生是被动地听、看，缺乏学习兴趣，缺乏独立思考问题的能力。教育家布鲁姆曾说过：“学习的最大动力，是对学习内容的兴趣。”如果老师能让枯燥单调的学习变得精彩有趣，那么学生的学习兴趣就会被极大地调动起来，学习也将充满乐趣。运用微课则可以很好地激发学生自我学习的欲望。老师在课前根据课堂内容所需的知识点设计好微课，激发学生兴趣，使学生产生良好的学习情绪，为课堂做好准备。苏教版国标本《语文》三年级上册中的《哪吒闹海》是学生非常喜欢的一篇课文，课文讲述了哪吒三次大闹东海为民除害的故事，展现出了哪吒为民着想、不畏强暴、敢斗邪恶的精神。为了让学生感受到东海龙王是如何“称霸一方”的，我精心制作了一节微课，课前让学生观看。微课中我讲述了东海龙王是如何兴风作浪不让老百姓下海捕鱼的，在这种情况下，老百姓是如何挨饿受苦的，为《哪吒闹海》的教学打下基础、埋下伏笔。事实证明，有了这样的知识渗透、情景铺垫，学生在课堂上的学习是非常积极主动的。

通过一节节微课的课前预设，我感觉到微课对于学习兴趣的培养有着越来越重要的作用，这样的预习不仅能帮助孩子了解课文的内容，而且培养了孩子的自学能力，更重要的是学生的学习兴趣大大提高，学生由“要我学”转变为“我要学”。

二、利用微课，掌握学习重难点

传统语文教学课堂中，教师通常依据教学目标及教学重难点展开教学，而合理地利用微课能很好地帮助学生理解重点、突破难点，而且内容精简、紧扣主题，因此，教师要想充分体现自己在教学中的主导作用，离不开微课的帮助。

比如，苏教版国标本《语文》三年级上册《北大荒的秋天》第二自然段“五彩斑斓”一词的教学就是本课的一个难点。如何才能让学生正确并深入理解这一知识点呢？我确定了以下三个教学步骤：

（1）从字理来理解“五彩斑斓”的本义。

（2）在生活中感受还有哪些事物能用“五彩斑斓”来形容。

（3）结合课文中的语境学习，感受“五彩斑斓”的动态美。

首先引导学生重点品味“五彩斑斓”这个中心词。根据字理析词“分解一组合”的教学要则，“五彩”是概数，表示颜色多。然后把重点放在对“斑斓”的字理析解上，学生知道了其本义就是指色彩错杂灿烂的样子，就能感受到“斑斓”这个词语带着一种“动感”，至此，就明白了“五彩缤纷”就是表示“颜色多”，而且还具有一种“动态美”。通过这样的分解和组合，学生切实地理解了这个词语的本义，然后再结合造句来理解。在此基础上，引导学生结合文句和语境理解北大荒天空的流云还会有哪些颜色，学生仿照文中的构词方式“像什么一样的灰，像什么一样的黄……”能够造出很多的词语来感受北大荒天空的“五彩斑斓”；在此基础上，学生就能够仿照文中的句式将自己看到的画面一一表达出来：“这些流云在落日的映照下，转眼间变成一道……一道……就像是美丽的仙女在空中抖动着五彩斑斓的锦缎。”通过这样有层次的训练，让学生学以致用，切实地把识字析词、阅读理解、写作训练三者融为一体，凸显语文教学的本色。

微课设计不同于一般意义上的备课，它必须有自己独到的亮点。这个亮点必须是学生确实难以理解，而且又确实能够带动学生更加深入地走入文本的。就如“五彩斑斓”一词，通过字理析词，本义和文中义相互印证和诠释，学生也就能比较准确地理解词义，同时也加深了对课文内容的理解，达到了“阅读方法内化”的阅读境界。

三、利用微课，消化吸收并巩固知识

《语文课程标准》中要求小学生“对所学内容主动复习和归纳”。课后复习是对课上所学内容的回顾。它是整个学习过程中的一个重要环节，可以巩固深化课堂上所学的知识，并进行总结归纳，使所学知识进一步系统化；能检验学习效果，及时发现自己的薄弱环节，以便及时查漏补缺；能为学习新知识做好铺垫，起到温故知新的作用；还能进一步提高学生的记忆能力，防止遗忘，培养自主学习的良好习惯和能力。但对于大部分小学生来说，他们没有课后复习的意识、习惯和方法，认为完成老师布置的作业就是复习，这就使教学效果大打折扣。教师们也苦于没有得力的方法帮助学生自主复习，除了在家庭作业中布置学生听、说、读、写外，似乎没有高招，而学生的作业兴趣也被机械重复的作业方式磨损殆尽。微课的出现如一场及时雨，为处于困境中的课后复习带来了生机。我是这样利用微课来指导学生做好课后复习的：

1. 利用微课帮助学生重温课本知识重点或难点

在引导学生学习了生字词之后，我制作了关于易混淆的字词辨别的微课，帮助学生复习回顾书本内容。比如出现这些音近字（工、公，长、场，元、原、园，忘、望）的时候，我经常会制作相应的微课帮助学生复习巩固。

2. 利用微课培养学生自主总结归纳的习惯与能力

对所学知识进行梳理和总结归纳是学习的一个重要环节。一个不善于归纳总结的学生，他对课堂知识的印象就容易停留在感性认识层面上，而缺乏一种深层次的理性认识。学会总结对于孩子的成长和未来投入工作都相当重要，学会归纳总结有助于学生养成分析问题的好习惯，并从中找到或发现一些规律性的东西，从而达到举一反三、触类旁通、独立解决问题的效果。良好的习惯与能力应从小培养。教师可以通过微课教给孩子归纳的方法，也可以利用微课引导学生学会总结，帮助其逐步养成自主归纳的习惯与能力。

四、利用微课，转化后进生

后进生一直是每位老师的“心头大患”，很好地转化后进生，使后进生能逐渐转化跟上“大部队”是所有教师的心愿，我也一直在为此努力着。自从学习了微课，我就想将后进生的转化与微课结合起来，与其在课堂上一遍遍地强调，不如将他们普遍没有掌握的内容做成微课让他们反复观看，及时补习。比如有的孩子不能很好地分辨“的、地、得”三个字，课后我利用手机录制了简单的“的、地、得”微课给班级的后进生强调这几个字的异同，并且将这段微课发送到家长的手机上，请家长帮助孩子多观看微课，帮助孩子加以区别。过了一段时间，我发现班级里原来“拖后腿”的学生渐渐少了，孩子学习的积极性大大提高了！好学好问、肯学肯钻的精神表现在每个孩子的身上。

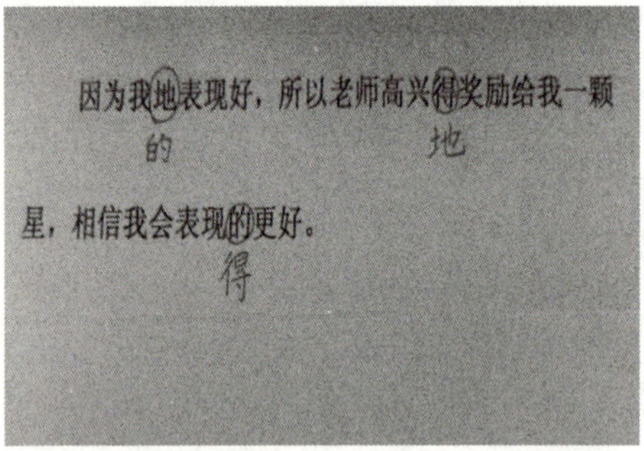

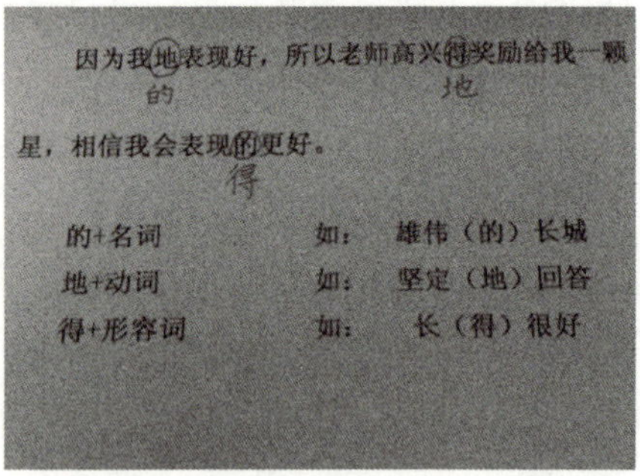

微课虽然短小，比不上一般课程宏大丰富，但是它意义非凡，效果明显，是一种非常重要的教学资源。微课有积少成多、聚沙成塔的作用，在运用过程中不但注重了以学生为中心，而且更好地培养了学生的自主学习能力与创新精神，提高了教学质量。在今后的教学过程中，我们一线教师应该加强微课的应用和学习，改变传统的教学理念，适应新型的教学模式，推动教学改革，让小微课发挥大作用。

（此文原载《课外语文》2017 年第 10 期）

浅谈低年级英语课堂中“延续性情境”的运用

陈　琪

一、“情境”与“延续性情境”

所谓“情境教学”就是教师运用一定的手段，创设所需要的教学情境，使学生根据这种特定的情境理解和运用知识。情境教学可以从多方面激发学生的感知，调动学生的积极性和参与意识。而“延续性情境”则指把单元内各课时串联成一个大情境，让知识的新授、理解、运用与创造在这个大情境中展开，从而保持学生思维的延续性。

现在大多数英语教师都已意识到情境创设的重要性，但在展开单元教学时，往往又只注重第一课时的情境创设，到了第二、第三课时则只注重单词或者句型的操练和拓展。比如在教授译林版《牛津小学英语》一年级上册“Unit 6 On the farm”时，教师创设的情境往往是参观农场，然后在参观的过程中看见各种动物或者播放各种动物的叫声来引出“What's this?”句型的教学和四种动物的教学。到了第三课时可能会创设去动物园、去公园之类的情境，让学生操练句型。

这样的安排延续性不强，不利于学生对单元知识的整体理解。为此，笔者建议对这个单元的情境进行这样的创设：

先把重点放在单词的教学上。一开始，给学生播放歌曲“Old MacDonald Had A Farm”，由此引出一个人物：Old MacDonald。然后创设情境，参观 Old MacDonald 的农场。笔者课前录制好 Old MacDonald 介绍农场动物的话，在课堂播放时便可以让学生进行人机对话，保证情境的真实性，根据老爷爷的话一步一步实施课堂环节。在本节课最后的操练单词环节，笔者用这样一句话为第二课时情境的延续做了铺垫：“明天老爷爷的农场有外国人来参观，你们能帮我给小动物们贴上英文吗?”

第二课时我把重点放在了句型与单词的结合上。开始的时候，承接上一课时，依然是通过与 Old MacDonald 的人机对话展开教学，复习单词。然后引出上一课时最后的铺垫——老爷爷的农场有外国人来参观，自然而然地引出老爷爷请小朋友们做讲解员，向外国小朋友介绍农场。

Visitors：What's this?

S1：It's a…

在几个语轮之后，总结问句“What's this?”并且进行讲解。在第二课时的结尾，笔者又用以下话语为第三课时的教学做铺垫：

Visitors：Thanks for your treatment. We are pleased to invite you to our orchard.（感谢你们的招待，我们很高兴邀请你们去我们的果园参观。）

第三课时的重点在于知识的迁移与运用，因此在第二课时的铺垫下，第三课时就非常自然地把情境转移到了果园，因为上一个单元学的是水果，正好可以进行复习。

二、用“延续性情境”提高课堂效率

“情境”与“延续性情境”的区别在于不同课时之间的情境是否有关联，是否能串成完整的故事。所以要设置一个“延续性情境”其实并不难，有时只需要借助具体情境中的一个人物，甚至有时只需要教师的一句话来连接。

以下用两个具体的例子进行说明：

（1）一年级下册“Unit 6 In the park”重点句型是“What's that? It's a…”重点单词是“bee”“bird”“balloon”“kite”。书本上该情境是设在公园里的，如果按照书本上的安排，一开始就把学生带入公园，然后在公园里看到一些物品，问“What's that?”让学生答“It's a…”把单词和句型各个击破也未为不可，但这里的“情境”其实对教学并没有多大的辅助作用，而且如果在单一情境中把单词和句型都学完，学生是没有办法理解和消化的，甚至会增加学生的疲劳感，减弱学生的学习兴趣。老师在进行情境创设时可以对其加以改编，让情境看起来更有趣和连贯。比如可以这样创设：

第一课时，老师带领大家去春游，第一站是动物园。在去动物园的路上，我们看见了一些上一单元已学过的交通工具，教师用“What's that?”来发问学生，让学生初步感知“What's that?”的含义和用法。接着继续走路，用同样的方法把两个生词“bee”“bird”在去动物园的路上解决掉。第二站去公园，然后解决剩下的单词。与此同时，教师用简短的话语为第二课时做铺垫：“在距离动物园不远的地方还有一个很大的农场，你们想去参观吗？”

第二课时，导入本节课的任务，去大农场参观。在参观的路上以及参观过程中解决“What's this?”和“What's that?”的区别教学。

（2）二年级上册“Unit 5 At the market”重点句型是“What are these? They're…s.”重点单词是“bean”“potato”“carrot”和“tomato”。同样地，为了让三个课时的情境能够延续，教师要对课文情境进行创编。蔬菜除了能在超市见到外，更能在农田里见到。而且小学生有很强的使命感和荣誉感，因此可以创设这样一个情境：借助多媒体，给小学生一些虚拟的蔬菜种子和一片虚拟的菜地，让学生通过在课堂上完成任务，获得老师奖励的水来浇灌自己的种子，直到长出蔬菜，教师顺势教授重点单词。第二课时，延续第一课时的情境，创设小朋友把自己种的蔬菜拿到菜市场上去卖的情境，教师扮演买菜者，引出句型“What are these?”这种情境中的交流，让句型的教学显得更加真实。这样，学生在学习的过程中也能获得较强的自我价值感。

以上两个情境的延续虽然只有两个课时，但是重点单词和句型的教授都是在这两个关键课时中进行的，这样学生学起来就能由繁化简，在情境玩演的过程中不知不觉地接受知识的传递，整个教学过程显得比较生动活泼。

参考文献

周丽萍．基于当前初中英语情境式课堂教学问题探讨［J］．中国科教创新导刊，2011（21）．

（此文原载《苏州教育研究与实践》2017年第112期）

试论如何提高小学英语课堂演示与表演的有效性

陈　琪

小学阶段英语课程的目的是激发学生学习英语的兴趣，培养他们英语学习的积极态度，使他们初步建立学习英语的自信心。同时，应该让他们知道学习英语的最终目的就是为了交际。语言的交际性要求英语教学需要运用表演这种形式，因为只有在有效的表演中学生的语言能力才能获得真正的提高。对于小学阶段的学生，尤其是中低年级段的学生来说，让他们进行自主表演的可能性不大，而且此时表演也缺乏有效性。如何提高小学低年级学生课堂表演的有效性？我认为教师在表演前的演示、表演中的指导以及表演后的评价起着非常重要的作用。一次高效的课堂表演离不开以下几个方面的支撑：

一、表演形式的选择

在牛津版小学低年级的英语书本中，几乎大部分的课文都是以对话形式呈现的。因此，教师在指导学生进行表演时，也大多会选择让学生上台进行角色扮演。这是一种非常有效的表演形式，既直观又锻炼了学生的语言交际能力。

但是我们不能忽视的是：不同的课堂里学生可能年龄不等，每一个都是唯一的个体，每个学生形成自已的知识和技能的能力、智力水平和背景经历都不相同，要满足不同学生的不同要求就需要因材施教。表演中的“因材施教”的一个方面指的就是表演形式的选择。

例如在《牛津小学英语 2B》Unit 9 的课文中，对话内容是这样的：

A：Look，there is a bottle.

B：There is a can.

C：Let’s keep the water clean.

对话中的重点句型是“There is a ... ”以及“keep the water clean. ”对于课文中的对话，在第一课时教学的时候有些学生已经掌握了，有些学生只能掌握部分，在第二课时教学的时候，我在帮学生复习巩固之后，进行了简单的拓展：

A：Look，There is an apple.

B：There is a banana.

C：Let's keep the school/cinema/zoo/… clean.

或者是：

A：There are some bottles.

B：There are some boxes.

C：Let's keep the… clean.

在复习巩固以及拓展之后，考虑到有个别学生比较害羞，而且基础比较薄弱，我没有在一开始就让学生上台表演，而是设计了一个配音的表演活动，先让不同能力的学生都能完成这一表演，以增强他们的信心，同时也让他们在配音的过程中体会语音语调。学生非常享受配音的过程，甚至还配了表情和动作。这也为接下来的小组情境表演做好了铺垫。之后，我让学生3～4人一组，进行分组表演。在这样的情况下，不同的学生对语言的感情色彩有不同的理解，因此，就会有不同的表演。第一对我叫的是“后进生”，他们的表演照搬文本，注重语言的朗读是否正确，语句是否通顺。然后我叫了一些层次稍微好些的学生，他们的表演适当修改了母本，运用的是我给他们拓展的内容，如“There is an apple. Let's keep the school clean”，注重语音语调。最后我叫了班上成绩突出的学生，他们的表演不仅有表情、动作和道具，还在文本的最后加了一句“All right. /Let's go！”。在这个过程中，尽管他们的表演层次有高有低，表演效果有好有坏，但是他们都有兴趣，都在努力，他们享受着这个表演过程。

二、表演前教师的演示

对于低年级段的孩子来说，在课堂上除了学习英语语言之外，还有一项很重要的学习任务，那就是培养良好的学习习惯。因此，在表演的过程中，教师的调节和演示作用不可忽视。

在表演之前，教师应该制定表演的规则。如：几人一组？哪些角色？表演时长是多少？不表演时该怎么做？在“听、说、读、写”四项技能中，“听”排在首位，学会倾听的能力至关重要。在平时的教学中，教师要对学生进行“注意倾听、积极思考”的学习策略的指导，让学生学会做一名合格的“观众”。我尤其注重学生学会倾听习惯的培养。我是这么做的：在表演之前，我告诉学生，我会让上来表演的学生在表演结束之后选出他们认为表演最认真的学生。有了这样的要求，学生在认真倾听时就不会显得那么的刻意，这样做既给了学生自主选择的权利，也避免了有些学生因为没有被选中而垂头丧气的情况。

除了制定表演的规则以外，低年级段的教师在学生进行表演前还有一项重要的任务——演示。如果老师要求学生对教材的对话换一种情景或者对 rhyme 进行改编的话，那老师的演示就更加必不可少。比如《牛津小学英语 2B》"Unit 7 Can I help you?" 课文中的对话：

A：Can I help you?

B：I'd like a jacket.

我在教学的时候想让学生表演出一个真实完整的购物情景，这就肯定少不了服务员的问候，以及询问价钱和离开时的道别。

A：Good morning.

B：Good morning.

A：Can I help you?

B：I'd like a dress.

A：What colour?

B：Pink.

A：Here you are.

B：Thank you.

虽然上述句子学生都会说，但对于如何把它们串联在一个情境中，对学生而言，确实还是比较有难度的。因此，这时就需要老师进行演示和指导。我是这么做的：首先，请一位学生上台和我一起进行表演，在对话的过程中，在 PPT 上呈现句子。然后，我让学生分组讨论，并且在教室里巡视，进行个别指导。事实证明，这样的表演效果显著。

三、表演后教师的指导

学生在表演的过程中总是会出现一些小问题，使表演达不到预期的效果。接下来我想具体谈一谈学生在表演的过程中可能出现的一些问题，以及老师该如何进行演示和指导。

1. 表演缺少情绪

在表演的过程中，有些学生会出现上台背书的情况，或者表演者之间没有眼神交流，语气平淡，没有任何动作。其实大多数情况下学生是因为害羞而不敢表现，这时候教师的鼓励就显得尤为重要。

在《牛津小学英语 2A》unit 2 中有一首英文歌“Row a boat”，在学生表演前我带着动作和表情演示了一遍，但是在实际表演中，还有部分学生放不开，到了讲台上就是双手放在两边，不敢做动作。

遇到此类情况，我一般都是采取以下办法：首先，不能打断表演者的表演，在学生表演完之后给予充分的鼓励，奖励他们两颗星，然后再告诉他们如果声音能再响亮一点，再加点动作，那就可以得三颗星了。老师鼓励那些还没上台表演的小朋友向三颗星努力，小朋友们的热情就会被激发起来。

2. 表演中出现错误

课堂表演是一种类似真实环境下的语言交流，主要是让孩子能把英语说出来，重点在交流上，对于交流中出现的错误大可不必在学生表演的过程中严肃地指出，因为那样做不仅会使表演的真实性减弱，更会阻碍学生语言交流的流畅性，给还没有参与表演的学生增加压力。交流注重的是信息的交换和捕捉，即使在真实的交流中也会犯一些的错误，更何况学生刚学的句子，因此作为教师要包容学生在表演中犯错，在学生表演结束之后，将典型的错误拿出来稍微讲解一下，但不要作为重点，以免破坏学生表演的兴趣，降低学生表演的积极性。

3. 表演缺乏灵活性

在每个单元教到第三课时或者第四课时的时候，老师都会给孩子补充一些与本单元相关的其他知识，或者要求学生在表演时能结合以前学过的知识，让表演情境更加真实和完善。

比如在教“Can I help you?”的第四课时的时候，我让学生上来表演的对话如下：

A：Good morning. Can I help you?

B：Good morning. I'd like some apples.

A：How many?

B：Five. How much?

A：... Yuan.

B：Here you are.

A：Thank you.

对话比较长，我想让学生结合学过的句型来表演。这是我给学生的模板。

有两组学生表演的时候是这样说的：

A：Good morning. Can I help you?

B：Good morning. I'd like six apples.

A：How many?

B：Six. How much?

A：... Yuan.

B：Here you are.

A：Thank you.

这就说明表演还不够灵活，前面已经说了“I'd like six apples.”，另外一个小朋友还在问“How many?”，出现这种情况的主要原因是学生的输入不够，在情境和语言方面的输入都缺乏。遇到这种情况时，教师应该多给学生示范，可以请理解能力比较好的小朋友上台配合，也可以给学生充分的时间进行分组讨论，将对话模板设置得更灵活也是一个不错的办法。

由以上教学实例可见，课堂表演是英语课堂的重要活动方式，如果教师能启发恰当、培养学生良好的习惯、明确任务安排、丰富内容形式、指导及时到位，表演就会真正吸引学生，给学生真切的体验，切实提高学生的语言表达能力，演绎课堂的精彩一刻！

参考文献

叶绘宇，胡剑波.《小学英语课堂情境表演的问题以及对策》[J]，《当代理论教育与实践》，2015（11）.

刘鹏.《小学英语教学攻略大全》[M]，长春：东北师范大学出版社，2010.

谭伟民，林红.《英语歌曲与表演》[M]，北京：高等教育出版社，2008.

（此文原载《疯狂英语教学版》2016年第986期）

运用现代网络聊天工具　优化家庭教育课程模式

戴　黎

家庭是人生的第一个课堂，父母是儿童的第一任教师。在儿童进入学校前家庭教育就已经开始，进入学校后家庭教育仍然伴随始终。福禄贝尔曾说过："国家的命运与其说是掌握在当权者的手中，倒不如说是掌握在母亲的手中。"此话富含哲理，它深刻地指明了家长在子女成长过程中所发挥的作用。良好的家庭教育是优化孩子心灵的催化剂，是孩子健康成长的基石。

家庭教育问题自古以来就受到人们的关注，但被作为一种学科进行研究，在我国也就是近年来的事情。这是时代的发展、人才的需求、国民整体素质的提高所必须涉及的问题。我们很欣喜地看到各级教育部门对家庭教育的重视，也很欣喜地看到越来越多的家庭教育培训正应运而生。

但是随着时代的发展，原先家庭教育的课程模式体现出一定的狭隘性，也和现今社会快节奏的生活模式相违背。

一、传统家庭教育课程模式的利弊分析

（一）面授型培训班的利弊分析

目前各个学校采用较多的是以各级各类专家为主讲的面授课程，一般以讲座为主。

优势：传统面授——讲座的主讲者一般都是教育界或者是专题研究的权威人士，经过精心准备，他们的讲座往往声情并茂、旁征博引、妙趣横生、引人入胜，在讲座过程中也能及时关注家长在听讲座时的反馈并注意情感的融入，从而激发家长的学习兴趣，加深体会、加深记忆。这些都是网络教学所无法取代的。

缺点：传统的培训有时间和地点的限制，没有网络教学这么方便，特别是一些条件相对较差的学校，当过多的家长拥挤在一起培训的时候，往往会影响现场效果。但是如果分批分次培训，又会带来管理、操作的麻烦。另外，传统

培训的主题相对比较集中和单一，一个讲座老师无法照顾所有学生，无法满足不同家长的不同需求，因需施教不能充分体现。

（二）网络培训班的利弊分析

目前，苏州地区采用得较多的网络培训就是网上家长学校开放的一些专家网络讲座视频。

优势：网络讲座视频能够不受时空的限制，使家长快捷地获取学习内容，彰显出传递、沟通、共享的强大功能。家长能够结合自己的需要，随时随地通过电脑、智能手机等互联网工具选取自己需要的课程进行学习。网络培训方便家长自我管理学习过程，自我推进学习进度，也可以随时复习已学课程。学习者对特别感兴趣的内容还可以下载保存，更能体现学习的自主性和灵活性。

缺点：网络讲座视频往往是预先录制好的，虽是主讲者精心准备的，但现代社会日新月异，时间一长，视频内容难免会与时代脱节。另外，网络视频没有现实教学中的互动参与，家长面对的只是一个个视频画面，缺少传统面授教学中的互动交流，时间一长，家长难免兴趣缺乏，除非有强烈的责任心和使命感，否则容易懈怠，导致中途放弃学习。

（三）书本及文字培训的利弊分析

目前，苏州地区采用较多的培训资源就是《家庭教育杂志》、新出版的“家庭教育系列课程”、网上家长学校平台资源、各个学校网站资源、微信公共平台资源，它们各有利弊。

优势：杂志内容贴近实际，图文并茂，易于保存，方便阅读，可重复使用，读者可以将阅读的感想体会加以标注，读者之间也可以相互交流。网络资源传播速度快，信息更新快，内容比较全。尤其是现在的微信平台，转载和点击量更新速度都是非常快。另外，书本及文字培训还可突破时间、地点的限制，家长可以根据自己的需要，选择适合的时间和地点、选择适合自己的专题和方式进行学习。

缺点：对家长的自主学习能力要求非常高，要求家长必须有主动学习的意识。学习者无法和他人进行沟通和交流，只能自己借鉴运用。

二、开发51VV社区视频课程模式的可能性和优势

以上三种课程模式各有利弊，在信息技术如此发达的社会，我一直在思考：是否可以有更好、更便捷的形式来补充或者替代它们？在家长学校课程开设及补充实践的过程中，我发现了更适合家校沟通和快捷培训的工具，那就是网络聊天工具。在网络聊天工具中，目前应用得比较多的有QQ、微信群，可能它们在学校应用得也比较多，因为用它们直接发送最新的文本、视频或语音给家长进行学习特别快捷，但我觉得似乎还是缺了些什么。前不久，经朋友介绍，我认识了51VV视频社区，并下载了这款软件，之后便产生了全新的认识。我一直在设想，如果在家长课程开设的过程中，我们也能运用这一个平台，那将会对家长课程的开设起到更好的作用。

（一）51VV是什么

51VV视频社区是一款基于网络的多人视频互动娱乐工具。它集即时通信、在线卡拉OK、视频聊天等多种功能于一身，并提供朗诵艺术、综合教育、交友等众多主题频道，可以为网友提供有趣的网络视听娱乐平台。目前该社区已经汇集了大量草根明星和平民偶像，可以说，这里就是网络上的“星光大道”。

（二）51VV视频社区功能

51VV视频社区拥有强大的网络教学、远程会议、随机录制、互动在线、晚会娱乐、真情速递等网络在线功能，它不仅可以使参与者突破各种限制交各类各地朋友、互传礼物表达真情、实现面对面交流、千里之外也能感受到热情与欢乐，还可以开展网络远程互动教学、举办各类晚会娱乐活动、捕捉瞬间影音视频，它最大可同时容纳千人在线感受高度信息化的新时代教育。

如果在这个社区的网络教学中，我们专门开辟一个家长课程的培训，那将是一个多么具有前景的课程模式！

（三）51VV视频社区课程开发的优势

1. 增强时间空间的可塑性

例如，我们举办一次家长培训，原本所有的家长必须办理请假手续然后赶到一个地方集中学习，这就必然面临以下问题：比如有的家长因为工作的问题

无法及时参加，组织者还得考虑其他众多因素，如车子的停放问题、座位的安排问题等。总之，组织者和培训者都得消耗很多的精力和时间来参与，但有了51VV视频社区就不同了，无论电脑还是手机都可以下载软件登录该社区，这样不仅可以方便更多的家长参与学习，而且还更大程度地突破了时空的界限，家长可以根据自己的实际需要，在适合的地点和时间，选择自己需要的专题课程进行学习和交流，从而切实增强了教学时间和空间的可塑性。

2. 突破教学条件的局限性

一般传统讲座由于受现实条件的限制，每次参加的家长人数都有限制，为了效果好，有的还得邀请专家培训者连续讲两场。但51VV视频社区就可以以聊天室为“房间”单位来进行远程教学，它每个“房间”设有3个视频区，并设有音视频展示区、音视频控制区、图文展示、图文控制、用户列表、增值服务、内容推荐等功能，可同时容纳上千人在同一“房间”内交流。51VV视频社区有清晰的视频画面、丰富的视频特效、专业的音响效果，家长们足不出户就能聚在一起，共同交流，共同学习。

传统的讲座、网络视频都有一个共同点，那就是专家讲什么，家长就听什么，实时交流和互动少之又少。专家无法确认自己所讲的内容有多少家长明白和接受，家长遇到不明白的问题也无法及时向专家提问或与之沟通。如果开发51VV视频社区进行家长培训，家长和专家就可以进行真实的实时交流，同时，倾听者如果觉得老师讲的内容不明白、不清晰或者不认同，可以随时在留言区发言，主讲者则可根据家长的反应乃至留言及时讲解、及时反馈。另外，在同一个讲座专场，有同样问题的家长还可以互加好友，以便共同探讨、共同提高。主讲者还可以根据家长的反应进行反思或调整自己的讲座内容，以达到更好的效果。

3. 加大课程内容的选择性

现在学校做家长讲座培训，一般是邀请专家过来，每学期只能围绕一到两个主题开展培训，这样的培训往往只能是求全或者求同，可能并不适合每个家长的需要。如，有的家庭孩子注意力不集中，迫切需要注意力集中方面的培训；有的家庭亲子沟通存在问题，家长迫切需要亲子沟通的培训；有的家庭孩子理科学习成绩不理想，需要得到理科老师的更好指导……不同家庭有不同的需要，在教学中，我们都强调对孩子要因材施教，其实，面对家长我们也应该做到因需培训。为此，我曾尝试在自己任教的学校一个学期开出多个菜单供家长自由选择参加培训，经过一个学期的操作，家长非常满意，效果也很明显，但学校的老师却怨声载道，因为每一次开展这样的活动都需要老师和后勤的支持。如果能够利用51VV视频社区平台，管理者就可以在一个学期同时开设更多的培训主题菜单给家长选择，学校或者同一区域甚至同一市域可以通过家校路路通短信或者班级QQ群同时向家长提供培训主题和菜单，每个家长就可以根据自己的需要来选择参加培训的主题。

4. 实现教学资源的共享性

虽然我们苏州地区的家长培训一直走在同类培训的前列，组建的林老师讲师团也是一支非常优秀的家长培训队伍，一直致力于全苏州范围内的家长培训，但由于所属区域不同，邀请讲座时各学校也往往取近就熟，其他区域更好的培训资源往往就无法共享。有时，市局、区局德育部门也会邀请一些知名专家来做讲座，但受益者却只能是极少数人。如果能够利用51VV视频平台开发家长课程，就可以整合学校、区域乃至整个苏州市域的优质家长培训资源，给家长进行在线网络培训。

51VV视频社区已经改变了很多人的生活方式，我相信，如果51VV视频社区家长课程得到有效开发，我们的家长课程将变得更生动、更有效！

51VV视频社区，家长课程培训有你更精彩！

参考文献

曹红，武静．浅谈传统教学和网络教学的优化使用［J］．山西医科大学学报，2004（8）．

许新龙．对网络教学利与弊的分析［J］．河西学院学报，2002（8）．

马琳．关于家庭教育的自我思考［J］．文学教育，2011（9）．

郑家音．家庭教育对小学生成长的意义［J］．小学时代，2012（12）．

（此文原载《电脑知识与技术》2017年第16期）

孩子，我该拿什么陪伴你

戴 黎

自从加入“林老师”团队、家庭指导师团队，每次培训只要有可能我都积极参加。一次次培训不仅让自己的家庭教育知识不断更新，更是对自己作为一名家长是否合格、是否优秀的检验。作为一个妈妈，我也在一次次反思中顿悟……

回顾女儿的成长历程，其间我很少操心。女儿读完小学、初中，顺利进入她心仪的高中。很多亲戚、朋友都笑着对我说：你女儿那么懂事，都不用你操心，真幸福啊！对比身边呕心沥血为孩子成长焦虑的家长，我的确是幸福的。但想到日益长大的孩子慢慢对我少了崇拜、多了“鄙视”，我的心情又是沉重的。

我们一直说要陪伴孩子一起成长，但有多少家长思考过应该拿什么来陪伴自己的孩子成长呢？

记得女儿上幼儿园的时候，她喜欢放风筝，于是我努力学会了放风筝。在绿油油的草地上看着女儿追赶着我的脚步奔跑，那一刻我是幸福的。

女儿学跳绳，我一次次讲解、一次次示范，看到宝贝终于顺利学会跳绳，那一刻我是满足的。

女儿上小学的时候喜欢问“十万个为什么”，作为一名小学科学老师，我能轻松地回答她的问题，也会自信地推荐优秀的科普图书给她看，那一刻我是自豪的。

女儿对学习缺少自信的时候，我会给她鼓励；女儿对学习缺少韧劲的时候，我会给她加油。

陪伴着女儿一岁岁长大，我渐渐发现自己不是万能的，我也有很多的“不能”。

郊游的时候，女儿常会指着一些植物问：“妈妈，那是什么呀？看着都是绿绿的。”我傻眼了，答不上来，只能推托说：“问你爸爸去。”看着先生带着女儿细细辨认的场景，那一刻我羞愧难当；到名胜古迹旅游，讲到典故、讲到朝代、讲到历史时，我这个历史盲只能在一边支支吾吾，那一刻我羞愧难当；伴着微风，一家人闲庭信步时，女儿总喜欢说，我们来个“飞花令”吧，看着先生和女儿你一句我一句互不相让时，在一旁默默陪伴的我，那一刻真的羞愧难当；饭桌上听女儿夸同学的妈妈琴棋书画样样精通、茶道烹饪样样在行的时候，那一刻我羞愧难当……

很多时候，我也会力不从心；很多时候，我会反思自己在女儿般大时究竟又学会了什么。

是的，望子成龙、望女成凤是人世间最美好的情愫，是为人父母含辛茹苦的不竭动力。但作为一名家长，你可曾思考过你能够拿什么来陪伴孩子的成长？你可曾思考过你凭什么对孩子提出那么高的要求？

曾读过一本书叫作《做个懂家教的好家长》，书中提到，家长的教育过失之一就是不学习。“爱子而不好学，其蔽也盲。”父母爱孩子，自身却不好学，其结果就是对教育的无知，缺少教育的知识、方法，其教育效果就会体现在孩子身上。

“临渊羡鱼，不如退而结网。”家长如果能勤于学习，善于学习，孩子的成长就会理想得多。教育孩子，不是一个简单的时间陪伴，也不是简单的嘘寒问暖，有质量的陪伴更需要知识的引领、心灵的沟通、精神的陪伴、榜样的示范……

子曰：“好学近乎知。”愿每一位家长都能坚持努力学习，在陪伴孩子成长的道路上智慧前行。

（此文原载《苏州家庭教育》2017 年第 10 期）

“三足鼎立”助力小学中年级学生写作

高 雅

小学语文课程低年级写话目标为：“对写话有兴趣，留心周围事物，写自己想说的话，写想象中的事物；在写话中乐于运用阅读和生活中学到的词语；根据表达的需要，学习使用逗号、句号、问号、感叹号。”中年级写作目标是：“乐于书面表达，增强习作的自信心。愿意与他人分享习作的快乐；观察周围世界，能不拘形式地写下自己的见闻、感受和想象，注意把自己觉得新奇有趣或印象最深、最受感动的内容写清楚；尝试在习作中运用自己平时积累的语言材料，特别是有新鲜感的词句；学习修改习作中有明显错误的词句。根据表达的需要，正确使用冒号、引号等标点符号。”对比发现，学生步入中年级后，面对更高要求的习作，难免会惊慌失措，很多学生对习作的恐惧感就是从此开始的。如何让小学中年级写作成为一件轻松的事？我认为，这离不开自身的素养、家长的协助和教师的辅导。

一、学生的素养

（一）观察生活

写作，需要丰富的想象力和创造能力，还要善于观察。教室这个“围城”给不了学生想象的空间，教师要引导学生留心去观察生活。比如，苏教版《语文》三下习作2“为别人画张像”，老师在课前先让学生为别人画像，为的是勾起学生对同学观察的记忆。有些同学能顺利画出同学的五官、发型、衣服颜色、衣服款式，而有些同学却无从下手。事实证明，观察仔细的同学，写起作文来也比较得心应手；观察不够仔细的同学，写起作文来也比较困难。观察只用眼是不够的，还要留心、带情，否则文章冰冷、平淡，很难达到“搜求于象，心如预警，神会于物，因信而得”的境界。

（二）重视积累

“读万卷书，行万里路。”不读书，只行路，只会是一个不学习的邮差。“读书破万卷，下笔如有神。”王勃从小读万卷书，才文思如泉、笔走如飞。在日常教学中，可以开展班级阅读同一本书的活动。阅读后，让学生画出最喜欢的一句话，并注明原因，再集体分享。在分享中，学生能积累好句子、好思路，从而避免了传统的抄写好词好句的枯燥。学生将好词好句内化后，就很容易将之运用到习作中。老师引导学生积累素材，将素材逐渐转化为自身的一种写作能力，激发学生对写作的兴趣，让学生有内容可写，有词句可用。

（三）善于多写

现在很多学生口语表达能力很强，拿起笔却又无从着手。原因何在？说得多，写得少。学生除了规定的大作文、小作文外，还可以写日记。除了个人单独写以外，还可以展开日记交换活动，通过交换，互相传阅，互相沟通，提高写作水平。另外，学生还可以在微信、博客、QQ 空间等社交工具上写日记，并利用周末时间，在班级 QQ 群里把自己这个星期的所知、所闻、所感与大家交流，这是一种幽默有趣的练笔方法。练笔的渠道很多，教师要灵活运用，让学生在观察生活、重视积累的基础上多写，这样才能提升学生的写作素养。

二、家长的协助

（一）开拓生活视野

爱玩是学生的天性，大自然是学生最好的游乐场。远离大自然的孩子写的作文往往缺乏生机活力。因此，教师必须为学生提供更多接触大自然的机会，适时地引领他们走进大自然的怀抱，让孩子在大自然中接受阳光雨露。我班级里有位写作能手，每逢周末或者节假日，父母都会带她去外面游玩，每周都会看到她妈妈在微信朋友圈发布孩子游玩的喜悦。这位阅历丰富的学生特别会写作文，笔触细腻，文章如流水般通畅，正是大自然给了她想象的翅膀。“等到下坡时超级快！感觉好像要撞到墙上了。突然又冲上去，自己仿佛要被抛出去了！我吓得大叫，车停了，我走下车，感觉自己头重脚轻，腾云驾雾似的。”这准确、美妙、生动的语言，如果没有亲身体验，是写不出来的。学生用心感受而获得了鲜活的素材，大自然的千姿百态又赋予了他们丰富的想象力和创造力。

（二）亲子共读

家长是孩子的第一任老师。家长配合参与学校的阅读教育活动，不仅能激发学生的兴趣和情感，更有利于促进学生的全面成长和发展。亲子共读的好处很多：能培养学生的阅读习惯和兴趣，多读书，不仅可以增大识字量，还可以加快培养学生独立阅读的能力；能增强学生的语言表达能力，发展学生的想象力，提高写作能力与交往能力；能让学生树立伟大的理想，从而熏陶优秀品质，因为阅读可使学生视野远大、心胸开阔，可从书中古往今来的生活实例中获得丰富的体验和感悟；能培养学生独立思考的能力；有利于亲子之间的沟通，让父母更多地了解孩子。

三、教师的辅导

（一）乐于品改

好作文是改出来的。学生的写作次数不在多，而在精，每次写完都需要进行修改。比如，组织学生进行自我修改，具体做法是：在教师评讲之后，让学生自行修改，看看有无错别字、有无不通顺的句子、有无标点错误等，只有认真反复修改，习作才会在原有的语言水平上不断增色；也可以组织学生互改，让学生评判同学的作文——这两种方式，可以让学生的写作水平在实践中不断提升。另外，还可以面批，但面批涉及的学生少，所以尽量每次面批的学生不一样，以让更多的学生获益。

（二）鼓励为主

“教学有法，教无定法，贵在得法。”好的学习方法很多，如何找到适合的方法却是一门学问。不少学生在学习了很多方法后水平还是没有提升，教师、学生、家长都很困惑。这个时候难免会产生懈怠之情，影响写作的热情。在这种情况下，教师要多鼓励，从学生的遣词造句到谋局布篇，尽量寻找习作的闪光点，呵护学生的信心。

总之，想要顺利渡过写作关，不是一件容易的事。不过，只要学生、家长、教师劲往一处使，“三足鼎立”，让小学中年级习作变成一件容易的事也是很有可能的。

参考文献

侯庆刚．关于小学语文阅读教学的研究［J］．学周刊，2014（1）．

刘秉勤．小学高年级语文教学阅读教学中的读写结合［J］．中华少年，2016（22）．

翟利岳．虚拟情景：激荡写作的“一池春水”——苏教版小学语文六年级上册“习作 4”教学思考［J］．教学研究与评论：小学教育教学，2016（4）．

吕爱敏．让评价成为一种快乐——关于初中作文评价的探索［J］．课外语文，2015（18）．

（此文原载《学周刊》2017 年第 21 期）

我的一次赛课“旅行”

高 雅

为准备教龄三年内的青年教师赛课评比活动，我进行了为期一个月的集中学习。经过这一轮的学习，我着实收获了很多。从准备阶段到上课阶段，再到反思阶段，我将本次学习过程分为三个阶段记录下来，重点是第二、第三阶段。

第一阶段：向网络优质课学习

一天一节优质课，让我初步感受到了什么是优质课，并学会从教师的教态、语言、评价语等方面去观察、学习。

第二阶段：一节教研课给我的启发

我的教研课是苏教版《语文》二年级下册《狐假虎威》第一课时，上完后，听课老师的评价一针见血：“第一课时与第二课时的目标界限不明确，指向性不强，第一课时上得像第二课时。”接着，我拿出评课记录表，反复斟酌，有了以下想法。

（一）明确课时目标

第一课时教学目标：能正确通顺地读通课文，最高要求为熟练地读好课文。正确的评价语应该出现在特定的课时。如“我带你到百兽面前走一趟，让你看看我的威风”。上第一课时教师的评价语应该是“你读得真准确”“真流利”“几个生字的音都读正确了”等，第二课时的评价语应该是“读得不够神气”等，让孩子在读中体会文字里的感情。

（二）教学内容严谨

1. 识字教学

“威：一个女人戴头盔，左手拿着盾，右手拿着戈，好威风。”这句话虽然能帮助孩子很好地记住这个字，但是没有科学性，学生会产生误解。如果教师不知道相关知识，要避开。最后一个生字“借”，我引申了一个儿歌：寒冬腊（là）月想吃肉，神枪猎（liè）手去打兽，十分可惜（xī）夜已黑，不知所措（cuò）只想哭，借支蜡（là）烛来照路，主意不错（cuò）直拍手！我自以为能很好地帮助孩子记住好几个字，但是结果因为用新知识牵引新知识，间接给了孩子压力。可见学生字要温故知新，应该用新知识回忆旧知识。

2. 词语教学

词语的摆列和选取也有很多要求。比如，可以从字词的读音入手，也可以从字词的意思进行归类，尤其要注意词语摆列的严谨性，最好当大部分都是成语的时候就单列成语，不要混入其他类型的词语，让别人看出教师的不成熟。比如“大大小小”“骨碌一转”这样的四字词语并不是成语，应尽量避免和成语混在一起。

（三）学会如何解题

中高年级的写作解题尤为重要，孩子对作文题目的理解就是在教师阅读教学过程中打下的基础。例如，“《狐假虎威》题目中一共有两个动物，一个是狐，另一个是虎，这两个动物谁威风？那‘假’是什么意思呢？学了课文我们就知道了。”这样一操作，孩子就会清楚地从题目中获取很多信息，明白了这篇课文主要讲的是什么，主人公是谁，等等。

总之，在这一次教研课中，我学会了构建第一课时的思路，明确了课时目标，时刻提醒自己上课语言的准确性，多做预设，避免混乱，注意教学的严谨性。

第三阶段：实践和理论融为一体

在三年内教龄青年教师优质课评比活动中，我抽到的是苏教版《语文》一年级下册《蘑菇该奖给谁》第一课时。

首先，情景导入。用一则小兔子的故事将孩子带入童话中，接着过渡——“今天，老师给你们带来了一幅画。在一大片茂密的森林里，有几个小动物，它们是（　　）（　　）（　　），兔妈妈手里拿着一个（　　）。”接着相机出示——蘑菇。“菇”单独成字时读第一声，组词“蘑菇”时读轻声（让学生开火车读这个词，去掉拼音读这个词），读好难读的词语，帮助学生解决题目中的拦路虎。有趣的情景能帮助学生迅速融入课堂，让学生带着兴趣、带着快乐开始接下来的学习。第三步，读词语，我采取的也是先带拼音后去拼音，指名读、小组读、小老师领读、开火车读、男女读等形式，这样节奏紧凑，学生不易开小差。词语读完后，就是读句子。从易到难，迅速帮助学生读好生字和二类字，再读课文。在这一阶段，我在评价语方面不逾越界限，以“读准、读通、读熟”为基础，通过示范读、指名读、男女读、小组读等形式带学生读好这一篇课文。“你们今天谁跑得最出色？我奖给他一个最大的蘑菇！”指名读这句话时，该学生读得很流利。“你读得也很出色！”老师巧妙的评价语不古板、不沉闷，用课文里的词语评价学生的朗读，让学生更加有自信。然后，再现图，整体感知课文。“今天我们学习了什么？认识了小白兔和小黑兔，小黑兔跟乌龟赛跑，所有的乌龟都跑不过它，小白兔跟骏马赛跑，它们都比小白兔跑得快，但是兔妈妈最后把大蘑菇留给了谁？因为什么？”借机使用生字卡片，帮助学生巩固复习生字和二类字。最后，学习4个生字。

（一）有趣的情景，自然的过渡

在语文课堂中，教学过程就像是流水，娓娓道来，不急不慢。童话本来就是学生所喜爱的，用故事引故事，借用道具的新奇感，让学生的心跟着老师走。只有孩子的心和老师的心都融入课堂，才会有一个美好的开始。

想要学生一直跟着课堂走，每一个环节就都要有过渡语，比如，“小白兔和小黑兔都想要这个大蘑菇，那兔妈妈把大蘑菇给了谁呢？为什么呢？”“老师现在要把拼音去掉，考考大家，生词是否真的认识了？”“生词会读了，老师这儿还有两个句子呢，先自己读读第一句话。”“现在奖励你们把课文大声地读一读，难读的地方多读几遍。轻轻捧起书，开始吧！”鼓励性的过渡、引导性的过渡都能有效地帮助教师抓住学生的心。

（二）精彩评价语，培养好习惯

“语文课程标准”指出：在学生回答、表演、朗读等活动后教师做出的评价性语言，是实现“情感态度”目标的重要措施之一。好的评价语可以开启学生积极的学习心智，使学生产生愉悦的学习情绪，引发向上的学习动力，建立足够的学习自信。

教师要修炼自己的语言，让它妙趣横生。比如，“你读得太好了，请你当小老师，带着大家读。”“太好听了，小火车开起来。”“句子读得特别连贯，听得真舒服。”“读清楚词语，注意停顿。”“你读得真出色！”有效的评价语如冬日暖阳、夏日蒲扇，滋润着学生的心灵，增加着学生的自信。

评价过程中，我不仅重视孩子的课堂朗读表现，更把培养学生好习惯的意识渗入其中。比如，“请小朋友把书本翻到39页，轻轻捧起书本，坐端正（你的姿势真标准，你真有精神），认真听老师读，边听边找答案，同时注意生字的发音，比比谁看得认真，听得仔细。”在这一过程中，我用少许的停顿给学生一些时间，让他们调整好读书姿势，并用语言帮助他们改正自己的读书姿势，让学生在读书的过程中保持良好的习惯。其他鼓励性语言还有“你坐得最端正，奖励你读词语”等。

（三）由图到图，多次巩固

这节课最大的亮点就是以图为线。开头的一幅图引入课文，让学生认识主人公。中间两幅图让学生初步整体感知课文，学会用课文里的话说一说图中发生的事情。最后一幅图（板书）让学生清楚地了解本节课学习的内容，一目了然。

最后这节课在优质课评比活动中取得了第一名的好成绩。一连串的学习和总结让我有了很大的收获，尤其是第一课时的教学使我明白了这一课时的目标，以及应该用怎样的方式把这一目标呈现出来。

（此文原载《小学教学研究》2017年第8期）

小学语文低年级识字与写字教学的“事与功”

高　雅

《义务教育语文课程标准》在小学语文低年级段识字与写字教学过程中对小学语文教师提出了明确的要求：

1. 使学生具备“喜欢学习汉字，有主动识字、写字”的愿望。

2. 学生应当认识常用汉字1600个左右，其中800个左右会写。

3. 教导学生努力养成良好的写字习惯，写字姿势正确，书写规范、端正、整洁。

一、识字、写字教学“事倍功半”的原因

1. 识字量大

按照《语文新课程标准》的规定，学生在小学语文第三学段要累计认识常用汉字3000个左右，其中2500个会写。而第一学段要求认识常用汉字1600个左右，其中800个左右会写。可以看出，小学语文低年段认识的常用汉字数是整个小学阶段认识的常用汉字数的一半多一些。这对于一些识字能力比较弱的孩子来说，无疑是一个很大的负担。在某种程度上，小学语文低年段识字量大是造成低年段识字、写字“事倍功半”的原因之一，也是许多教师没有考虑到的一点，如果不会用巧妙的方法为孩子减负，就会在教学的过程中给孩子增添许多负担。

2. 识字形式无趣

在平时工作中不难发现，很多语文老师的识字教学比较枯燥，除了告知学生该字的读音、偏旁、笔画、笔顺外，没有其他知识点的渗透。中国汉字博大精深，一个字就是一幅画，如果我们忘却字的演变，忘却字形的美，只是机械地教学生如何写对这个字，如何用这个字，那汉字中特有的文化底蕴就无法流入课堂，无法渗透到孩子的内心，课堂也就丧失了其色彩以及活性，这样往往导致学生对识字无感，甚至对语文无感。有的老师让学生在课后进行词语练习的方法也很无趣，往往只是让学生反复抄写、组词，这类方法也是不可取的。

3. 识字重难点不突出

小学语文低年级的很多课文后面都有至少10个生字，还设有很多的二类字。不少老师胡子眉毛一把抓，每一个字都很用力地讲，并要求学生每一个字都要练写到位，反复组词，这样的学习形式不仅无趣，而且给学生增添了很多的无用压力，耗时耗力，得不偿失。还有的老师每一个字都一带而过，课堂教学没有给孩子一点巩固、留下一点印象，这无疑也是在做无用功，教学效果基本为零。这两种极端都是识字与写字重难点不突出的表现，也是造成小学语文低年级识字与写字教学枯燥无味、效果极差的原因之一。

二、识字写字教学“事半功倍”的方法

（一）增强自主学习意识

1. 小组合作识字

从小学低年级孩子的学习能力以及心理特点来看，他们的自我学习能力相对于中高年级学生而言较低，3～5人的小组活动比较适合低年级的孩子。由于他们对自己的研究成果不是很自信，而小组学习能让学生在讨论研究过程中得到肯定，并且学习能力较强的学生能够带动学习能力较弱的学生，起到良性循环的作用，所以，选取简单的练习，采用小组合作学习能收到“事半功倍”的效果。在苏教版小学《语文》二年级下册中，出现了好几个要求学生自己使用字典查一查不认识的字的练习，如“练习七”和“练习八”。以“练习七”为例，要求读一读关于石林风情的词语，如果有不认识的字就查查字典，注上拼音。词语如下：撒尼、少女、阿诗玛、石笋、石柱、石屏风、歌舞、狂欢、火把节、火树、银花、不夜城，这些词语中有好几个字都是学生不认识的，还有好几个词语都是学生不理解的。针对此，我在课堂上采用的是小组合作学习的方法，即以3～5人为一组，学生每人一本字典，先一起读，勾画出不认识的字和不理解的词，再分工合作，查出这个字的读音以及这个词的意思。这样的学习方式，学生很喜欢，他们不仅能够迅速地查出这些字的读音和词的意思，还能提高自己的合作、分享意识，更能提高自主查字典的学习意识，可谓一举多得。

2. 在生活中识字

生活即课堂，生活即学校。在短暂的课堂上，每节课几个字的识字量，与低年级学生的阅读识字量要求相距甚远，那么如何让学生以自然轻松的状态学

习到更多的汉字呢？最好的方法就是把学习生字融入日常生活。比如说，春节家家户户门上的对联、广告牌、大屏幕等都有很多的汉字，这些都是生活中的识字课堂。如果学生或者学生的家长、老师是有心人，日常生活中无意识地学和教，也会增加学生对陌生汉字的学习欲望，更会提高学生的自我学习意识，并养成遇到生字主动查字典或者问长辈的习惯。养成这样的好习惯后，学生的识字量自然会以飞快的速度增加。

（二）提高学生的学习兴趣以及积极性

1. 使用多媒体，增强视觉效果

在“互联网 +”的时代，小学教学提倡信息技术与各科融合，教学变革就出现了。“互联网 +”背景下的教学变革有六个特征：一是教学生态更加开放融合。二是学习更加泛在化和移动化。特别是随着移动互联网和各种数字终端的兴起，学习时空跨边界、超界限，成为“人人皆学、处处能学、时时可学”的新形态。三是愈发尊重学生群体的需求，尊重和发挥学生的创造精神。四是教学结构得到重塑。五是教学更加媒体化和技术智能化。大数据、学习分析、智能学习工具得到融合应用。六是师生关系趋于平等。老师要从在课堂上教、站在讲台前讲转变为融入学生中去“导学”、借助大数据“诊学”、隐于云端后“助学”。在课堂上使用多媒体教学，增强视觉效果，提高视觉感受，让识字与写字教学深入学生内心，这一举措就符合教学改革的很多特征。

2. 巧用游戏，提高学生积极性

低年级学生的心理特点是：好动、注意力易分散、好奇心强、爱玩爱闹，所以做游戏是他们最喜欢的事情之一。在课堂教学中加入一些合理的识字写字游戏，也能很巧妙地提高学生的学习积极性以及学习兴趣。那么可以使用哪些教学游戏来协助教师教学呢？这里要明确的是，游戏只能起到辅助作用，它不能代替课堂，有时候它甚至还会影响课堂效果，因此建议老师适当选择一些不耗时、可控性较强、参与度较高的游戏。

总而言之，从小学低年段学生的学情来看，识字与写字教学在实际操作中困难重重，但是小学识字与写字教学又是小学语文教学的重中之重，不能懈怠。所以教师要多多思考如何让教学课堂变得丰富，让学生愿意学、愿意问，厘清小学语文低年级识字与写字教学的“事与功”，做到拒绝识字与写字教学“事倍功半”，争取识字与写字教学“事半功倍”。

（此文原载《小学生作文辅导》2017 年第 1 期）

你是我捧在手心的那颗心

高　雅

小时候，三尺讲台是最神圣的地方，站在那里的老师给过我最好的童年。长大后，三尺讲台是最让人敬畏的地方，站在那里的老师让我感动过，让我快乐过，教我知识，教我做人。现在，我自己站在了这儿，站在学生面前，换一种身份，换一种状态，带着同样神圣、敬畏的心情与三尺讲台相处着。“捧着一颗心来，不带半根草去。”这是陶行知先生从事乡村教育时期书赠乡村教师的诗句，也是他一生为人民教育事业鞠躬尽瘁的写照。陶行知一生“爱满天下”，他爱祖国、爱人民、爱儿童、爱青年、爱朋友、爱科学、爱民主、爱人民，是一位浑身充满爱的教育家。而我，作为一名“陶粉”，愿自己能为孩子的成长贡献所有力量。

2016 年 1 月 30 日，是学校诗朗诵比赛的日子，也是小二班第一次全体站在舞台上表演节目的日子，我从这群孩子的眼神里看到了兴奋、激动，更多的则是不安、紧张和忐忑，每一双眼睛似乎都在对我说：老师，我害怕，怎么办？这一群胆小的娃啊！上场前，我给孩子们加油鼓励，告诉他们：没有关系，老师就在台下。结果演得好出我的意料。演出过程中，每一个孩子都出奇地给力。站在一旁默默看着他们的我，眼睛湿润了，我知道他们有多努力。下台了，孩子们急忙问：老师，我们演得好吗？我说：好，很好，真的很好。孩子们很幸福，比吃到糖时的感觉还幸福。

后来这个节目被选到区里参加比赛。幸运的是，孩子们的天真得到了苏州歌剧团导演的青睐。在我师父的精心设计下，节目变得精致、饱满起来，从服装、动作、台词到表情，每一个细节都处理得非常到位，我从孩子们的眼神里看到了他们进步的快乐。

都说残缺是美。那个因为腿受伤不能参加表演的孩子，他的缺席就是这场节目的残缺，也是一种美。每次当我听到录音里他可爱的声音，而在舞台上寻不到他可爱的身影时，我的心都会咯噔一下，我的鼻子都会酸一下，我的眼睛都会湿润一下，每次都仿佛在提醒着我：这个最萌的孩子是多么希望参加这场演出，他多么爱我们这个节目！

这个一直陪伴我的节目，从当初电脑前无意的题材拼凑，到现在完整节目的呈现，一路走来，他们的进步我看在眼里，他们的快乐我装在心里。看着他们一张张向日葵般的脸庞，我顿时明白了：师德在教师的工作里，在小朋友的眼睛里，在他们会进步、很快乐的生活里。而他们是最珍贵的捧在我手心的那颗心。

（此文原载《苏州教工》2017 年第 6 期）

当今学校体育教育的首要目的之我见

顾　卫

近年来我国青少年体质的不断下降，敦促着学校应重视对学生身体健康的教育。“健康第一”一直是学校体育教育的目标，然而承担着学生健康重任的体育教育仍然不得不面对学生身体健康状况连年下降的事实。2015 年的全国青少年学生体质监测结果表明：“我国学生在柔韧性、爆发力、肌力、耐力、肺活量等方面都在下降，而体能素质的速度素质和力量素质则连续 10 年下降，耐力素质连续 20 年下降。”[1]“2006 年浙江省初中生、高中生和大学生的近视率分别为 78.5%、90%和 86.6%。江苏省 85%的考生因体质健康原因，报考专业受限。”[2]2010 年全国第六次学生体质与健康调研的结果仍表明学生的身体素质指标在继续下降，视力不良、肥胖的出现率持续增加。[3]2012 年的国民体质报告显示，我国青少年的心肺耐力下降，近视和肥胖等发展状况并没有发生令人乐观的改变。

青少年作为学校教育的接受主体，是祖国的希望，他们的身体状况关乎祖国的未来。所以一直以来学校教育都将“健康第一”作为其教育指导思想。然而，随着素质教育的开展以及人们对健康的理解不断深入，学校体育，特别是中小学体育所承担的“健康”任务越来越全面，体育课程似乎也变得越来越重要，在具体的实践当中体育课却成为一个“说起来重要，做起来次要，忙起来不要”的课程，学校体育对“健康”更为全面的教育并没有给青少年带来强健的体魄，表现出的却是学生体质不断下降的事实，这一现象不能不说是使学校体育课可以“忙起来不要”的重要原因。在当今学校体育教育对“健康”予以更为全面的关注以及学生体质持续下降的现实中，我们有必要对学校体育“健康”教育进行反思，对学校体育教育的首要目的进行探讨，以

〔1〕伍天花．学生体质下降与学校体育目标达成的辩证思考［J］．体育与科学，2010（04）．

〔2〕卢元镇．当今学校体育中的几个理论与实践问题［J］．吉林体育学院学报，2009（05）．

〔3〕中华人民共和国教育部．关于 2010 年全国第六次学生体质与健康调研结果公告．［EB/OL］．http://www.moe.edu.cn/publicfiles/business/htmlfiles/moe/s5948/201109/124202.html.

发挥学校体育教育的最大价值。

一、学校体育“健康第一”指导思想的丰富与实践效果的偏差

身体运动是体育活动进行的最基本方式，它具有使身体强壮、抒发心情等本质功能。新中国成立初期，针对学生身体羸弱、营养不良等状况，毛泽东曾两次给当时的教育部长马叙伦写信，强调应重视学生的身体健康，并制定了“健康第一，学习第二”的指导方针，学校教育由此确立了“健康第一”的指导思想。毛泽东在《体育之研究》中就曾指出：“（体育）非第强筋骨也，又足以增知识；非第增知识也，又足以调感情；非第调感情也，又足以强意志”，强调了体育的重要作用和功效。正是因为体育的这种多元功能和特殊属性，“健康第一”的重任几乎完全落到了学校体育的肩膀上，学校体育也理所当然地成为培养学生健康的主要阵地。

然而，“健康”却是一个不断变化发展着的词汇。1946 年，世界卫生组织在纽约召开的第一届国际会议就将“健康”定义为是肉体的、精神的以及社会适应状态的总和。而在 1989 年，世界卫生组织又将“健康”定义为“躯体健康、心理健康、社会适应性良好和道德健康四个方面都健全”。“健康”已经从单一的躯体健康到心理健康再到健康的社会适应能力的一个三维概念，发展到躯体的、心理的、社会的和道德的健康这样一个四维概念，甚至当今又进一步增加了伦理的维度而使“健康”成为一个五维概念。因此，健康几乎涵盖了各种学科，其针对性越来越难以把握，可操作性也逐渐成了问题。[1]

学校体育一直是学生健康的主要承担者，面对健康内涵的不断丰富与扩大，本身具有宽泛属性与功能的体育教育也不断地承担起宽泛的教育内容。人们本能地认为，将“健康”作为学校体育的指导思想是正确的而且贴切的，它能更为全面地对学生进行教育与培养，似乎更能满足使人“自由而全面的发展”的目标。“健康第一”的理论内涵也确实能对学校体育教育进行正确的引导，更符合素质教育的内在要求。以“健康第一”为指导思想的学校体育的健康目标早已不仅仅是针对学生的身体健康，同时更注重学生的知识、技能、情感、道德等多方位的培养，以实现健康的目的。而在此思想指导下，学校体育所进行的“多维”的健康教育仍不能改变学生体质不断下降的事实。每当开学军训期间，报纸、网络上总不乏一些关于军训导致学生晕倒、休克甚

---

〔1〕卢元镇．当今学校体育中的几个理论与实践问题［J］．吉林体育学院学报，2009（05）．

至死亡的报道；在学校，一些学生甚至从没有参加过长跑，不能完成一次完整的百米冲刺。青少年学生的身体健康状况成为当今学校教育必须面临的重要问题之一。没有对学生身体健康起到较大作用的体育课程在对学生的心理、道德以及社会关系等的培养教育方面同样也没有取得明显的效果和优势，以至于使学校体育课面临尴尬的处境，在落实“健康第一”指导思想中出现了偏差。

二、学校体育教育应确立“增强体质”为首要目的

1.“增强体质”是体育的原始诉求

原始先民在自然环境恶劣的条件下，为了族群的兴旺发达，以及族群之间的竞争与搏斗，往往以游戏的形式强身健体，保持旺盛的生命力，不仅通过采集、捕猎、跋山、涉水等活动获得更多的生存条件，还在长期的进化中将人类走、跑、跳、投、攀、爬、游、平衡等基本的能力发挥到极致，战胜自然和其他族群的威胁。[1]因此，强身健体，保持旺盛的生命力以保证人的生命安全是人类体育的生命诉求之源。

毛泽东对学校体育教育提出的“健康第一”的指导思想，也是基于对青少年学生身体健康的关注而提出的。毛泽东在《体育之研究》中明确指出：“儿童及年入小学，小学之时，宜专注重于身体之发育，而知识之增进、道德之养成次之；宜以养护为主，而以教授训练为辅。”做出了“坚实在于锻炼”的科学论断。到 1999 年，《中共中央、国务院关于深化教育改革全面推进素质教育的决定》再次强调指出：“健康体魄是青少年为祖国和人民服务的基本前提，是中华民族旺盛生命力的体现。[2]要求学校教育要树立健康第一的指导思想，切实加强体育工作，使学生掌握基本的运动技能，养成坚持锻炼身体的良好习惯。”这就明确了学校体育工作的第一目标。

体育既然以身体运动为其存在的基本形式，就必然具有“勤贯肢体，活动手足”的本质作用。无论是从体育的发生还是从学校教育“健康第一”指导思想的提出来对学校体育进行探讨，都体现了体育“增强体质”的本质属性和诉求。“身体是革命的本钱”，没有健康的体魄，知识、道德、情感等便失去了载体。然而学校在素质教育模式中对健康内涵的不断追求，遮蔽和阻碍

〔1〕王帆，杨雪芹，牟少华，路丁．生命安全诉求下学校体育运动教育的价值［J］．体育学刊，2012（01）．

〔2〕王志敏，杨旭东，蔡宝忠．解读“健康”与“健康第一”思想［J］．北京体育大学学报，2005（07）．

了体育的原本功能的发挥，青少年学生的体质在不断下降。因此，学校体育必须还原追求“增强体质”的原始诉求，才能改善当今学生的体质不断下降的状况。

2. “增强体质”是当今时代对体育课的呼唤

在当今青少年群体中，“小胖墩”“小眼镜”随处可见。一方面，随着社会的进步和经济的发展，人们的物质生活有了极大的改善，钙片、口服液等各种补品为青少年的身体发育提供了丰富的营养；电脑、手机等科技产品改变了青少年以往的游戏方式，减少了身体活动的机会。另一方面，当今学生需要学习与掌握较为丰富的知识，学习任务较重，也使青少年学生承受了较大的学习压力。当今一些亚健康问题让青少年的身体健康遭遇到前所未有的危机。

另外，自20世纪80年代我国实施计划生育政策以来，独生子女家庭占据了非常大的比例。这部分家庭对独生子女倾注了全部的希望和关注，以至于一些家庭对孩子过于宠爱，学生的独立能力、受挫力甚至抵抗力等都偏低。时代的发展也使得人们的责任意识和安全意识不断加强，加之一个家庭甚至是两个家庭只有一个孩子的现状，安全问题成为当今学校的首要问题。学校不仅仅在假期加强对学生的安全教育，就是在平时的学习期间安全教育也是重中之重。但是过度强调安全，往往会使学校失去主体位置，其中影响最大的就是安全“隐患”最多的体育课。在投掷项目中，掷铁饼、投标枪一向因为被认为是危险多多且技术繁杂的项目而被拒于千里之外，独苗仅存的推铅球项目，近年也被认为是既危险又乏味还无用的项目，铅球一律被换成了实心球。[1]不仅如此，大部分中小学基本也已经取消了体操课中的跳马、空翻等“危险”动作，甚至就连长跑、越野拉练也都一律禁止。学校体育对“安全第一”的唯唯诺诺，已经遮蔽了学校体育的初衷，学生体质下降必将成为不可避免的趋势。

因此，以增强体质为主，还原学校体育的初衷是当今时代发展趋势下不得不重视的问题，面对中小学生身体素质不断下降的趋势，增强学生的体质使其身体变得强壮已经刻不容缓。

3. “增强体质”是对学校体育的正确把握

随着人们对健康理解的日益深入，健康的内涵已经不仅是强健的体魄、良好的体能、高尚的道德、顽强的意志，而且还包括健全的人格以及对社会的良好适应能力。但是在教育实施中，一提到健康人们往往自然地就认为那是体育

〔1〕毛振明．论运动技能学习与体验运动乐趣的关系［J］．体育教学，2002（01）．

的事，把对学生进行健康教育的任务几乎完全推给了体育教育。然而“囿于体育自身的局限，健康目标难以仅通过学校体育的手段得以改观或实现”〔1〕，因此，面对这一现实，我们理应对学校体育进行正确的把握，以实现体育的真正目标。

诚然，在素质教育的思想下，学校体育理应在对学生身体素质教育的基础上增加其广度和深度，使体育不仅仅是教会一种运动技能、学会一个运动项目、完成一项运动指标，而应增加体育对学生心理意志、道德观念、人际交往等多方位能力和素质的培养，使之成为符合现代化需要和新时代需要的高素质人才。但是，在学校体育教育所具有的多个维度当中，对于哪一维度的教育是体育教育的主要方面，哪些维度是对学校体育教育内容的补充，我们需要有一个清醒的认识。体育虽然加强了对学生情感、规则、人格、文化等多方面的教育，却并没有表现出显著的效果，而学生的身体素质却在不断下降。面对这一现状，笔者认为“增强体质”应当是当今学校体育的主要目标，也是其能够存在于学校教育中的重要因素。正如学校体育理论专家李晋裕所言：我觉得现在有一种误区，一讲健康第一很自然就定位在体育上，这是不正确的。中央文件指出，学校教育应该树立健康第一的指导思想，是指整个学校教育要树立这个指导思想，而不仅仅是说体育要树立健康第一的指导思想，现在往往有人把体育当成一个主角了，我认为在定位上不够准确。〔2〕“健康第一”“素质教育”等思想，是对整个学校教育提出的指导思想，而并非仅仅是针对体育教育，正如王占春曾指出的：“健康并非健康第一的唯一目标，而且体育也担当不起健康的全部目标。”〔3〕

三、结 语

身体健康是一切的基础，青少年学生正处在身体发育的关键时期，理应将身体素质的发展放在首位。当今学校体育的“健康”教育的出发点是应予以肯定的，但是在关于青少年体质不断下降的众多调查报道下，面对青少年当中

〔1〕 江文奇，曹海．学校体育“健康第一”指导思想确认与异化［J］．军事体育进修学院学报，2009（01）．

〔2〕 江文奇，曹海．学校体育“健康第一”指导思想确认与异化［J］．军事体育进修学院学报，2009（01）．

〔3〕 毛振明，赖天德主编．解读中国体育课程与教学改革　著名专家、学者各抒己见［M］．北京：北京体育大学出版社．2006.

的一个个“小胖墩”“小眼镜”，仍在体育教育中过多强调内涵丰富的“健康”的素质教育是不合时宜的，是体育教育目标反客为主的表现。学校体育只有完成增强学生体质的目标，才能承担起培养学生技能、完善学生人格、提升学生道德的重任，才能承担起学校教育赋予的健康教育功能。

（此文原载《科普童话》2017 年第 2 期）

谈谈做好语文课10分钟随堂练字的几点策略

姜小艳

《语文课程标准》明确规定："第一、第二、第三学段，要在每天的语文课中安排10分钟，在老师的指导下随堂练习，做到天天练。要在日常书写中增强练字意识，讲究练字效果。"这不仅充分明确了写字在语文教学中的重要地位，而且明确提出了具体操作要求。

10分钟练什么？怎么练？课标已明示，是"随堂练习"。也就是说，在语文课上，要围绕教学内容对学生进行相应的写字教学和训练。

在10分钟的短暂时间里，我们怎样开展随堂写字教学活动才能有效呢？我们认为，随课文针对每课生字精心设计，创设情境，在情境中随堂练习，是一种行之有效的办法。

现以三年级上学期《每逢佳节倍思亲》一课为例进行阐述。

一、抓课题中的生字来进行指导

课题是一篇课文的"眼睛"，课题中出现的生字，往往都是在课题中对表情达意起重要作用的字。因此，我们应该在新课导入时创设情境，对学生进行识字写字指导。

片段一　导入课题

1. 谈话：同学们，你们知道我国有哪些传统节日吗？（春节，喜庆祥和；中秋节，全家团聚，共赏明月；端午节，粽香飘溢；元宵节，吃元宵，看花灯……）

2. 像春节、中秋节、元宵节这些喜庆祥和的节日我们称作"……佳节"。（出示"佳"字进行生字教学）

a. "佳"是个生字，大家说说，怎么记住这个字呢？（一个人拥有两份土地，感觉就是好啊！）

b. 那么，"佳"字怎样写才好看呢？让学生观察讨论。

c. 教师根据学生的发现范写"佳"。（指导要点：1. 右边的四横距离要均等；2. 四横长短有变化）

d. 学生练写“佳”字。

e. 你能给“佳”组个词吗？（佳人、佳丽、美味佳肴、好词佳句）你发现“佳”的意思就是（美好）？那么佳节就是——？（美好的节日）

3. 在一个美好的节日里，唐代有位诗人发出了这样的感叹。（出示“每逢佳节倍思亲”）

4. 学生跟老师板书书空：每逢佳节倍思亲。

以上片段，在课的初始，教者通过提问向学生展示了一组欢乐、祥和、喜庆的画面，让学生沉浸在美好的回忆中。再出示“佳节”一词让学生观察字形、讨论写法，教师再板书范写，进行写字指导，看似随机，实则浑然天成，不仅让学生认得准、记得牢，而且写得好，对生字及词语的意思也有了较为直观的理解，原本枯燥无味的识字写字教学也就变得生动有趣了。

二、抓重点词句中的生字来进行指导

在日常语文课堂教学中，我们不能为写字而写字，而要合理地处理好识字写字与文本内容的关系，使词语或课文内容很好地为识字写字服务，不能把识字写字与课文的朗读、理解分割。

片段二　读题质疑，阅读解疑

1. 围绕这个课题，你能提哪些问题呢？

a. 这里的“佳节”是指什么节日？

b. 谁“每逢佳节倍思亲”？

c. 每逢佳节为什么倍思亲？

d. “每逢佳节倍思亲”，怎样“倍思亲”？

2. 学贵有疑，就请你们读课文去寻找答案吧！

出示阅读提示：

a. 读准字音，读通句子，难读的地方多读几遍。

b. 边读边思考，并试着从文中找到相关词句来回答刚才的问题。

3. 同学们刚才读得很认真，老师来检查你们读书的质量。

（1）刚才你们提的第一个问题是——文中的“佳节”是什么节？（重阳节）板书：重阳节。

（2）你了解这个节日吗？指名回答，老师出示资料，指名读，补充。

（3）仔细观察这个“佳”字，你发现哪个笔画比较多？（横画）怎样写才好看呢？

(4) 同学们说得很好，老师送你们一首儿歌，准能帮你写好这个字。

出示课件：

横画多时分短长，

一字只宜一横长。

横间距离要相当。

如有长竖立中央。

遵循这一规则的还有“垂”“黑”“熏”等字。

(5) 教师范写“重”字，边写边说：

起笔一撇要平短，

重字横多这画长。

其他横画要收缩，

长竖挺直立中央。

(6) 下面请同学们拿出练习纸，描红1遍，再练写2遍。

(7) 教师边巡视、边指导、边表扬写得好的同学。

(8) 选两幅作业在展示台展示。表扬优点，笔画不到位的地方教师用红笔修改。

在上述教学案例中，教师先引导学生质疑，再让学生带疑阅读文本。在解疑中指导学生朗读句子、段落的同时，顺其自然地穿插生字的教学，把写字教学设置在一个浓郁的阅读氛围中。

出示生字“重”后，教师不是急于讲授，而是将观察的权利交还给学生，引导学生观察“重”字横画的变化，再用形象的口诀揭示要领，并进行拓展延伸。教师在按要领范写后，让学生练写。案例中这种生动又极具趣味性的口诀，不仅便于学生记忆，又给予学生充分的想象空间，学生在轻松活泼的氛围中掌握了写字方法，对汉字本身也会越发喜爱。

三、在归类整合中进行指导

把文章中的一些生字新词整合在一段词串当中，进行识字写字教学。

片段三　认读词串，指导写左右结构的字

1. 老师：课文中的这些词语大家都认识了吗？出示课件：

佳节	一年一度	重阳节	忆兄弟
情景	家家户户	扶老携幼	兴高采烈
兄弟	头插茱萸	手挽着手	登高望眺

异乡　　　　天各一方　　　　思绪万千　　　　倍思亲

A. 整体出现，加拼音，生自读。

B. 开火车读，相机正音。

C. 一行一行地出现，抽学生读。

D. 老师：同学们读得真不错，都读正确了，了不起，让我们一起读这些词语。

2. 出示“佳”“忆”“倍”“扶”“幼”五个生字。老师：同学们仔细看，这五个字有什么共同之处?

3. 出示“佳”“忆”“倍”“扶”“幼”五个生字。老师：能说说这样分的理由吗?

3. 左窄右宽的字怎么写才好看呢?

4. 对，讲究谦让。为了使字错落有致，左边的偏旁要写得瘦长些，而右边则要写得丰腴些。出示课件：“右占者，右不妨独丰。”（清黄自元语）

5. 同学们先描红，然后再临写2遍……

6. 教师巡视，注意纠正学生写字姿势。

7. 师生共评学生作业。

在以上案例中，教师匠心独运，将课文中的生字编进4组词语中，使看上去毫无关联的八九个生字巧妙地融进入一个完整的语境。

老师通过让学生带拼音自读，去拼音后开火车读，再分组读词串，全班齐读，轻松地完成了识字教学。老师在指导写字时并没有面面俱到，而是将生字按间架结构加以分类，重点指导左窄右宽结构的“佳”“倍”“忆”“扶”四字，辅以左窄右宽的汉字书写口诀，以后遇到类似的字，不用多说，学生也会写了。

每天的10分钟随堂写字时间既短暂又宝贵，但只要老师精心设计，在创设的情境中把握生字的书写重点，讲该讲的精华，并给足时间让学生充分练习、体验，久而久之，学生就会形成品字、析字能力，写字能力也就提升了。

（此文原载《小学生作文辅导》2017年第2期）

多媒体在小学语文识字教学中的运用

姜小艳

多媒体技术不仅具有直观性、形象性，并且能够呈现丰富多彩、五颜六色的教学内容，将声音、图像、文字、视频集为一体，促进小学语文课堂识字教学的趣味性、丰富性、直观性；而且还能够充分调动学生学习的主动性，激发学生的识字热情，促进识字教学效率的提升。因此，小学语文教师在进行语文教学尤其是识字教学这种较为抽象并且难以记忆的课堂教学时，应当有效应用多媒体教学技术，使学生能够较快地适应课堂教学的节奏并掌握新知识、记忆新字形，促进学生语文素质与学习能力的更好更快发展。

一、多媒体技术在小学语文识字教学中的作用

1. 增强课堂教学的规范性，弥补教师的不足

小学生学习汉字效果的高低与教师的师范技能有着密切的关系，教师如若不具备合格的师范技能，将对学生的汉字学习产生不可逆的影响。例如，有的小学语文教师由于技能不足而出现汉字笔画顺序混乱、读音不准确等问题，学生受其影响，很长时间之内都无法改正。多媒体技术则能够在很大程度上增强识字教学的规范性，弥补教师自身的不足，尤其是农村教师以及偏远地区教师的口音问题，多媒体教学能够提升教学质量，规范识字教学。

2. 优化识字教学结构，提升识字教学效果

多媒体教学技术具有使用快捷方便、教学内容容量较大的特点。多媒体技术能够节省教师手写笔画的时间和内容。例如，教师在教授汉字“舟”时，可以直接使用图片呈现的方式给学生留下直观印象，如果手动作画则会浪费大量课堂时间。此外，多媒体技术能够加深学生关于汉字的印象，提高学习效率。最重要的是多媒体技术能够随时解决教师需要查找某项教学内容的问题，快速呈现给教师具体知识，丰富课堂教学内容，提升识字教学效果。

3. 激发学生识字学习的积极性，强化主动学习意识

多媒体技术有效转变了传统以教材为教学主要媒介的局面，使得其本身成

为一种联系师生的重要媒介形式。在新型的课堂结构中，在小学生本身好奇心与兴趣都较易激发的条件下，多媒体技术是一种能够有效吸引学生注意力、激发学生主动学习积极性的工具。多媒体技术能够代替教师对学生进行识字效果的检测，学生只要学会使用计算机，就能够进行自主学习、自我检验，加之小学生普遍对计算机具有浓厚的兴趣，多媒体识字教学技术无疑可以强化小学生的主动识字意识。

二、提升多媒体技术在小学语文识字教学中应用效率的策略

1. 掌握学生注意力规律，有效利用多媒体技术

小学语文教师在使用多媒体技术进行识字教学时，应当掌握小学生心理特点与注意力规律，使用具有鲜明色彩、有趣声音、趣味动画等特征的多媒体课件来集中小学生的注意力。由于小学生注意力持续时间较短，教师就需要不断地对其进行视觉及听觉刺激，以保证学生的思维与注意力能够时刻紧跟教师的教学节奏。同时，教师也应当注意规避使用色彩过多的情况，因为如果过多使用丰富的色彩以及动画，往往会分散学生的注意力，影响课堂教学的进度。

例如，在苏教版小学语文《月亮湾》这一课的教学中，教师将生字教授完毕后重新将生字呈现在课文当中。此时如果教师给出的课件色彩太过丰富、动态图片数量过多，则会使学生的注意力由生字本身转向课件画面，从而影响生字教学的效率。

2. 结合识字教学课堂实际，注重实效性

教师应根据教学内容选择合适的教学媒体，比如汉字将字音、字形、字义统一于一体，教师应根据不同生字的难点选择不同的教学媒体。例如，图片能够加深学生的视觉印象，利于理解抽象概念；而声音能够培养学生的听说能力。此外，教师在使用多媒体辅助教学时应当避免过于依赖多媒体的现象，以实效性、高效率为目标进行识字教学。例如，本身普通话标准的小学语文教师在朗读时就不需要利用多媒体技术，这样不仅能够节省时间，而且还能够增进师生间感情，起到良好的示范作用。

3. 及时进行评价反馈，提高多媒体技术的应用效率

及时科学的评价反馈能够帮助教师修正教学内容与教学方式，进一步提高多媒体技术的应用效率。这就需要小学语文教师在课后注意收集学生对于课件的看法与意见，针对学生的接受能力与掌握情况及时查漏补缺、改正不足。此外，教师在课堂上要随时观察学生状态，在发现学生不能很好地理解时应当重

新返回之前的课件，随时补充、及时讲解。

例如，在苏教版小学语文识字教学过程中，教师在教授学生“船”这一生字时配以图片易于学生理解，而教授“直”字时尽管有图片或者音像，学生仍然难以理解。此时教师应当针对学生难以掌握该字的实际情况转变教学方式，根据其属性进行讲解，为以后的教学积累经验。

总而言之，信息技术的快速发展使得现代化教育进程日益加快，教师利用多媒体技术进行教学已经成为常态。对于小学生来说，语文学习中的识字学习有着极为重要的意义，是奠定学生语文素质基础并对学生终生学习具有重要作用的学习内容。小学语文教师在教授小学生学习汉字时，有效利用多媒体技术能够克服教学难点、提高学生的学习效率，并激发学生学习汉字的热情和主动性。小学语文教师应当充分认识多媒体教学技术的作用并且采取有效策略使得多媒体教学效率更高，为学生提供和营造具有魅力的汉字学习情境，帮助其体会博大精深的中华传统文化，促进语文学科的发展。

（此文原载《作文成功之路》2017 年第 5 期）

莫忘“培养良好的学习习惯”

蒋 芸

陶行知先生说：“播种行为，收获习惯；播种习惯，收获性格；播种性格，收获命运。”孩子从小养成良好的习惯，将会受益终生。以雄辩著称的古罗马人西塞罗曾说：“习惯比天性更顽固，习惯的力量是巨大的。”的确，“习惯”对于每个人来说，是一种极有影响力的存在。然而——

六年级学生毕业前夕，笔者将12册苏教版语文课本“习惯”篇的内容罗列下来（见表1），让学生观照自评，看看六年时间里自己养成了哪些良好的学习习惯，结果出人意料，笔者根据学生的反馈信息，制成图表2（全班学生习惯养成率达90%以上为“高”；70%以上为“较高”；70%以下为“较低”；40%以下为“低”）。

表1

学期	“习惯”篇内容	
一上	保持正确的读写姿势	爱惜学习用品
一下	乐于倾听	认真写铅笔字
二上	勤于朗读背诵	乐于课外阅读
二下	勤查字典	主动识字
三上	认真写钢笔字	认真写毛笔字
三下	自主预习复习	认真完成作业
四上	读书有选择	读书做记号
四下	坚持写日记	爱护图书
五上	读书做笔记	随时使用工具书
五下	自主修改作文	多种渠道学语文
六上	不懂就问	勤于搜集资料
六下	读万卷书，行万里路	在实践中学会运用

表2

“习惯”养成度	“习惯”的内容
高	读书做记号 爱护图书 不懂就问 勤于朗读背诵 乐于课外阅读 认真完成作业
较高	乐于倾听 认真写铅笔字 认真写钢笔字 读书有选择 坚持写日记 爱惜学习用品
较低	保持正确的读写姿势 勤查字典 主动识字 认真写毛笔字 读书做笔记 自主预习复习 多种渠道学语文 随时使用工具书 勤于搜集资料 在实践中学会运用 自主修改作文
低	读万卷书，行万里路

为什么经过六年时间，学生良好学习习惯的养成出现了这样的结果？笔者结合实际调查发现主要存在以下原因：

一、教师存在形而上学的做法

苏教版语文教材的特色之一就是在编排体系上每册书都会安排一个“习惯”篇，置于本册文本内容之前，用以辅助学生学习。12 册书 24 个具体的习惯要求遵循学生身心发展和认知规律，由低到高，由易渐难。然而一些教师对此不加重视，在操作时或流于形式，挤压学习时间，两课时的内容压缩在一节课甚至半节课内完成；或走走过场，简化学习过程，对“习惯”篇的内容采用省略环节、高度概括等方式呈现给学生。教师对“习惯”篇的轻视，对教学时间的缩减，严重影响了学生良好学习习惯的养成。

二、学生缺乏积极主动的约束

教师“教”的态度影响着学生“学”的态度。在课堂上蜻蜓点水式的学习，怎么可能使学生在大脑中形成正确的认知？于是出现了学生在课堂上被动应付的现象，学生往往只看这个“习惯”篇是要我们养成哪项学习习惯，那个“习惯”篇要求我们养成哪项学习习惯，其实所知肤浅。在这种情况下，在学生的意识中，会将“习惯”篇的学习视同文本知识的获取，认为只要知道就行，无视“习惯”篇所注重的“导行性”，而将课堂学习习惯与实际养成习惯完全割裂，自然也就不会在学习实践中积极主动地按要求去做了。即使老师提出相应要求，学生往往也只是应付而已，不会持之以恒地约束自己，这样就失去了养成相应良好学习习惯的基础。

三、家长没有行之有效地督导

家长作为孩子的第一任老师，在孩子进入学校接受系统学习后，有必要转换角色，变成孩子学习成长的督导者，配合学校教育，发挥家庭教育职能，在孩子良好学习习惯的养成教育中起推波助澜的作用。可现实情况是，农村不少父母选择外出打工，将孩子托付给爷爷、奶奶或亲戚监护，由此导致了家庭教育的缺席。也有的父母虽然和孩子共同生活，但由于自身工作繁忙，无暇实施有效督导，在帮助孩子养成良好的学习习惯方面也就作用有限了。

四、学校没有细致完备的评价

完善的评价体系是学生良好的学习和行为习惯养成的有效推力，学校对学生的日常行为通常有较为完备的评价体系，而鲜有对学生学习习惯的评价。对应评价体系的缺乏让学生失去了自我认识与反省的机会，也使学生养成良好的学习习惯失去了有力的外部诱因。

前述这24项学习习惯的编排，不仅包含了对学生听、说、读、写等方面学习能力的要求，还有助于学生形成勤奋、坚持、主动、认真、务实等学习精神。如果能够养成这一系列的学习习惯，就会让语文学习成为学生的内在需要，学生的学习动机也就更趋正确，学习效果也就更为明显。我国教育家陈鹤琴先生也说过："习惯养得好，终生受其益；习惯养不好，终生受其累。"著名教育家叶圣陶先生则说："教育就是习惯的培养。"那么，怎样凭借这套教材帮助学生养成良好的学习习惯呢？笔者将结合具体习惯要求谈谈实施策略。

五、定位明确，激活习惯养成内需

对于"习惯"篇的内容，不能看成是教材编排体系的点缀，必须明确其是苏教版语文教材极具创新意义的一个举措，也是教学活动内容重要的组成部分。它有效填补了原先教材编排中的一个缺漏——习惯养成教育。

1. 教师重视教，兼做示范

首先，教师只有认识到培养学生良好学习习惯的重要性，以及良好学习习惯会对一个人产生极为深远的影响，教师有责任有义务帮助学生养成良好的学习习惯，才能认真完成这部分内容的教学，才能认真研读教材，利用教材中的情境图，或者对教材进行再创造，引导学生了解、懂得良好学习习惯养成的意义，扎实进行训练。其次，教师要发挥自身与学生近距离接触的优势，以身作则，为学生提供正确的示范。比如：通过保持正确的读写姿势、乐于倾听、认真写钢笔字、爱护图书等学习习惯的展示，让学生受到潜移默化的影响，通过"观察学习"[1]对学生良好学习习惯的形成起到积极引导作用。

---

〔1〕 韩进之．教育心理学纲要［M］．北京：人民教育出版社，1995：110.

2. 学生用心学，落实行动

“纸上得来终觉浅，绝知此事要躬行。”学生对“习惯”篇的学习不能停留在书本层面，而要在课堂习得之后自觉地结合实践去理解、消化，进而逐步养成良好的学习习惯。比如一年级下学期的“习惯”篇要求“认真写铅笔字”，学生不动手怎能落实这一目标？学生渴望将铅笔字写好，当学生提起铅笔时只有想起要“认真写铅笔字”，才会尽自己的能力把每个汉字写规范，才会学着改掉不到位的笔画。只有在实践中一次又一次地体验，不断地强化刺激，才能帮助学生养成良好的学习习惯。

六、价值引导，增强习惯养成动机

对于“价值”，马克思主义哲学这样定义：价值是揭示外部客观世界对于满足人的需要的意义关系的范畴，是指具有特定属性的客体对于主体需要的意义。笔者认为，养成良好学习习惯的价值在于让学生变得自信、勇敢、开朗、智慧，而且能够享受喜悦、成功、挫折等情感体验。在此过程中，学生与物为友（爱惜学习用品），与书为友（乐于课外阅读、读书有选择、读书做记号、读书做笔记、勤查字典、随时使用工具书），与人为友（乐于倾听、不懂就问），亲近自然（多种渠道学语文、读万卷书行万里路），体验社会（勤于搜集资料、读万卷书行万里路、在实践中学会运用），学生感受着良好学习习惯的养成对自身的正面影响，自然也就更乐意有意识地培养自己良好的学习习惯。

在听随堂课时，一位教师这样执教《会走路的树》：

出示：“小鸟跟着他去了许多地方，看见了许多有趣的东西。”

老师：这棵树带小鸟去的地方多吗？你从哪些词语能够看出来？

学生：这个句子里有两个“许多”，我们就知道他们到过的地方很多很多。

老师：小朋友们想想看，他们可能到过哪里？又会在那儿看到些什么有趣的东西呢？

生1：他们到了花园，看到漂亮的鲜花，还有蝴蝶。

生2：他们到了海边，看到很多美丽的贝壳。

……

学生参与热烈讨论无法停止，以至于当教师要求小组齐读时，第二小组学生的读书姿势千姿百态，有端正坐姿，双手拿书的；有书躺桌面，用手指读的；有身体歪着，随意跟读的；还有东张西望，不知所云的……读书声也很不整齐。

接着，老师请第三小组的学生朗读同一小节。这一小组的学生读书姿势非常正确，得到了老师和同学们的夸奖。老师特别表扬："第三组的小朋友读书的姿势非常正确，瞧，他们坐得端正，双手拿书，声音响亮，真让老师喜欢。"结果，本节课该小组学生的坐姿、读书姿势、写字姿势都很正确，而且其他小组学生的表现也好起来了。学生在自我愉悦中动机加强，主动培养自己良好的学习习惯。

七、细节落实，设计习惯养成梯度

习惯是经过反复而形成的自动化了的动作行为，它不是一朝一夕就能形成的，必须有一个过程。老子《道德经》中有这样一句话：合抱之木，生于毫末；九层之台，起于垒土；千里之行，始于足下。因此笔者认为，良好学习习惯的养成具有长期性，教师要有耐心、有恒心，要不怕麻烦，对学生进行有目标、有计划、有组织的长期培养，而不要急于求成。特别是在实施过程中要落实每一个细节，由易到难，循序渐进，使学生拥有梯度上升空间。比如培养良好的阅读习惯，从低年级段的"勤于朗读背诵、乐于课外阅读"，到中年级段的"自主预习复习、读书有选择、读书做记号"，再到高年级段的"读书做笔记、自主修改作文、读万卷书行万里路"，要求逐段提高。教师在第一学段的习惯指导就要很细致，比如学生读书时该怎么坐、书本该怎么拿、眼睛到书本要保证多远、每天朗读什么内容等都要进行指导，每周还要进行课外阅读的指导与交流，并伴随这样的过程，及时纠正学生的错误行为，通过长期、反复的训练，让学生形成条件反射式的动作记忆。第二学段"读书做记号"，教师要明确教给学生各种标注记号，教他们在阅读材料中做标记以及使用记号的注意事项等，再通过多次反复训练，让学生掌握这一技能，形成习惯。第三学段"读书做笔记"，教者必须告诉学生读书笔记的分类——批注类、摘录类、剪贴类、读后感类，并附说明，让学生明白各类读书笔记的特点，并根据自己的喜好与擅长选择相应类型的读书笔记。然后组织定期交流与指导，推动阅读活动有效进行，从而在长期的训练中让学生一步步养成良好的阅读习惯，使之成为学生的第二"天性"。

八、家校联动，优化习惯养成团队

培养学生良好的学习习惯，需要教师踏踏实实地根据教材编排体系实施教学活动，同时也需要家长的大力配合。学校教育与家庭教育，一主一辅，互为补充，互相联合，就会结成帮助学生养成良好学习习惯的最优团队。首先，教师要动员家长热情参与到这项活动中来；其次，教师与家长要积极互动，通过交流、切磋、指导，发挥家庭教育职能。

1．不定期家访

对孩子需要养成的学习习惯或孩子学习习惯中存在的问题，有些家长并不清楚，教师可以通过上门家访的方式告诉家长，让家长对孩子的学习习惯教育进行“补位”，共同努力，促进学生良好习惯的养成。如“乐于课外阅读”，利用家访，请家长敦促学生端正读书姿势，保证阅读时间（笔者曾建议在休息前半小时进行）。笔者曾在家访中纠正过一位家长对课外阅读的错误认识。教师和家长通过家校联动，帮助学生养成良好的学习习惯。

2．发评价表

由学生每周带回评价表，让家长对孩子的学习习惯做出评价。这种方式，家长容易操作，只要根据孩子的表现在相应项目中做评价即可。在评价过程中，家长也可以依照评价表的提示，纠正孩子不规范的学习行为。教师与学生也能从评价表的反馈信息中拟定下一步的培养方向，提高时效。例如“认真完成作业”评价表（见表3）。

表3　“认真完成作业”评价表

时间	完成作业情况			
	写字姿势	写字质量	作业态度	作业质量
星期一	☆☆☆	☆☆☆	☆☆☆	☆☆☆
星期二	☆☆☆	☆☆☆	☆☆☆	☆☆☆
星期三	☆☆☆	☆☆☆	☆☆☆	☆☆☆
星期四	☆☆☆	☆☆☆	☆☆☆	☆☆☆
星期五	☆☆☆	☆☆☆	☆☆☆	☆☆☆
双休日	☆☆☆	☆☆☆	☆☆☆	☆☆☆

注：根据孩子的表现，选择相应的☆数量。

3. 使用校讯通

随着科技的发展，家校联系越来越便捷。对于学生的情况，家校之间可以使用校讯通进行即时联系，这样学校与家庭、教师与家长的联系和沟通更加便利、灵活，不受时间、空间限制，而且借助这一平台还能进行单个交流与群体互动。

九、评价跟进，巩固良好习惯形成

“知之者不如好之者，好之者不如乐之者。”但是教材中有不少学习习惯无法激起孩子们的兴趣，如乐于倾听、认真完成作业、爱护图书等，自然孩子们也不会乐于学习并养成这些学习习惯。在这种情况下，有效评价的跟进，会成为学生养成良好学习习惯的推力。比如“爱护图书”这一要求。本班学生乐于课外阅读，在学校图书室的借阅记录排行榜上稳居各班之首，但学生在图书借阅过程中难免造成图书的损坏，如何既保护孩子的阅读兴趣又保护好图书呢？引入评价体制是个不错的方法。笔者受动漫《圣斗士星矢》的启发，在班上推行“争做图书卫士”活动，依据学生的行为，分别将他们评为青铜护卫（爱护图书，保证自己借阅的图书不受损）、白银护卫（爱护图书，不仅能保证自己借阅的图书不受损，还能规劝其他同学的不当行为）、黄金护卫（爱护图书，保证自己借阅的图书不受损，能规劝其他同学的不当行为，能主动修缮受损的图书），并颁发相应徽章。每周评价，每月汇总，对相关同学给予极隆重的精神奖励和很普通的物质奖励。随着学生良好习惯的养成，逐步取消物质奖励，以避免本末倒置。

王尔德说：“起初是我们造成习惯，后来是习惯造成我们。”“播下一个行动，你将收获一种习惯；播下一种习惯，你将收获一种性格；播下一种性格，你将收获一种命运。”作为教育者，我们应该努力去帮助学生养成良好的学习习惯，让教材中的“习惯”真正成为学生拥有的良好学习习惯。让这些好习惯伴随学生终身并使学生从中获益！

参考文献

语文课程标准（实验稿）[M]．北京：北京师范大学出版社．2002.

（此文原载《语文世界》2016 年第 4 期）

老师，请您等一等

李 静

推开教室的门才发现后排多了两个人，原来是校领导来听课了。这节课要进行《滴水穿石的启示》第二课时的教学，还好，课前我已经做了比较充分的准备。高兴的倒是孩子们，面对教室里出现的两张新面孔，他们显得异常兴奋，争先恐后地表现自己。

教学在有序而顺利地进行着，很快进入了第二个学习模块。这一环节，我给出的学习任务是：第一，自主学习第三自然段，画出能体现三个人物滴水穿石精神的词句；第二，在学习小组内交流自己所画的词句，合作填写表格，做到轻声有序。孩子们迅速投入了学习，他们先是自己读读画画，然后在学习小组内你一言我一语地讨论着、争辩着，谨慎地填写着表格。时间一分一秒地过去了，在等待和巡视的过程中我发现，可能是因为每个组只填写一份表格，孩子们落笔过于慎重，表格填写的速度太慢。

就像是发现了救命的稻草，在巡视的过程中我看到神探组和逆袭组的组员已经高高地举起了手。于是，我赶紧走回讲台拍拍手，示意孩子们安静下来，准备汇报交流。而乔丹组的樊星却探着身子挥着手、跺着脚叫了起来：“老师，您等一等！我们组马上就填好了！”我望着他，无奈地笑了笑：唉，孩子，你哪里知道老师的苦衷，后面坐着两位领导呢，再“等一等”，教学任务完不成可怎么办呀！我狠下心来，迅速整理好情绪，大声说道：“请逆袭组来汇报一下你们的学习成果。”这时，我看到樊星的目光一瞬间黯淡下来，人也跌坐在座位上……

逆袭组的表现果然没有让我失望，他们的词句圈画准确恰当，课文读得有声有色，表格的填写也正确工整。汇报相当精彩，教室后面的两位校领导也向他们投去了赞许的目光。而在我看来，选择逆袭组汇报学习成果，更重要的是节省了时间，使得整节课的教学任务能够顺利完成。终于，下课铃响了，这节课结束了，我长长地舒了一口气。

回到办公室里，我打算静下心来对课堂进行梳理和反思，可是樊星的叫声和他那失落的眼神却深深地印入我的脑海，怎么也挥之不去。“老师，请您等一等！”也一直回响在我的耳畔。“老师，请您等一等！”这叫声中包含着孩子们多少的期待啊！而我，他们最信任的老师却无情地拒绝了孩子们这最基本的要求，熄灭了他们的满腔学习热情。

今天课堂上的这一合作学习环节，就因为我没有放慢速度，没能“等一等”，导致大多数的学习小组没能完成学习任务。在学习任务没完成的情况下，他们根本就不能集中精力去仔细倾听，又怎么可能去质疑争辩、取长补短呢？本来该是孩子们思维火花碰撞交流的过程，却成了逆袭组的一枝独秀。这是一节没有“回声”的课堂，“面向全体学生，构建以学生为主体的生本课堂”在这节课上自然也就成了一句空话。假如我能“慢一步，缓一步”，给学生足够的时间想一想、谈一谈、悟一悟、写一写，孩子们有了自己的合作学习成果，他们就会敢说、乐说，如此一来，那“一枝独秀”的尴尬也一定能幻化成“百花竞艳”的壮美。

又是一节语文课，这节课上，我要和孩子们一起完成“练习 5”中的口语交际“设计一条公益用语”的教学。我先从孩子们常见的公益用语入手，激发他们参与设计公益用语的热情。接着，引导孩子们感悟公益用语的语言特点。然后，我出示了小组合作学习的要求：第一，想一想还有哪些地方需要公益用语，自己试着设计两条；第二，小组内交流自己设计的公益用语，其他组员认真倾听、思考，结合公益用语的特点，帮助修改、完善。教室里安静了下来，孩子们在认真地思考、设计。很快，逆袭组和星光组已经开始了组内交流——讨论、修改。等到更多的小组开始组内合作时，逆袭组的组员们已经把手高高地举起。紧接着，星光组和神探组的组员们也举起了手。看到这些高举的小手，其他小组的同学已经沉不住气了，我甚至听得见他们互相催促的声音。见此情况，我向着举手的同学摆摆手，示意他们把手放下，然后用全班同学都听得见的声音说：“别着急，孩子们，慢慢来！老师愿意等一等，等到每个小组都讨论完、修改好！”孩子们讨论的声音再一次响起，我忽然觉得这略显“混乱”的课堂其实是那样的生机勃勃，而这此起彼伏的讨论声不正是孩子们在拔节、在生长的声音吗？

等到所有的小组都举起手，全班的汇报交流就开始了。

“小草在睡觉，请你绕一绕。”

“我也有生命，请别让我疼！”

“别碰我，我害羞。”

“不拥也不挤，安全是第一。”

“小草青青，足下留情。”

“万紫千红花盛开，管好手脚最愉快。”

“别乱扔，垃圾的家在这儿！”

“单杠不是晾衣架，文明连着你我他。”

“珍惜生命，请勿酒驾。”

“时间诚可贵，生命价更高。”

“交通你我他，安全靠大家。”

…………

听着孩子们设计的五花八门、充满童趣的公益用语，看着孩子们那一张张兴奋得鼻尖冒汗的笑脸，幸福之花悄悄地在我的心里绽放。

等一等，给花儿绽放的时间；等一等，做一个幸福的园丁。老师们，请您等一等！

语文教材需要“一鱼多吃”

——《黄鹤楼送别》教学例谈

李　静

《语文课程标准》提出：“教师应认真钻研教材，正确理解、把握教材内容，创造性地使用教材。”这句话让我想到了近年来流行的“一鱼多吃”。一条普通的鱼，在技艺高超的厨师手中可以变成若干种美味：用鱼头煲汤，削鱼肉做各类炒菜，揭鱼皮煮羹，刮鱼鳞做凉冻……一条鱼，制作手法无外乎煎、炒、煮、炖，味道及其营养却大有不同，能满足不同人群的需要。之所以能如此鱼尽其用，我想这离不开厨师对食材的把握和他丰富的创造力。若把语文教材也当作是条鱼，作为教师的我们通过认真钻研，能够正确地理解、把握教材，然后发挥我们的创造力，站在学生的立场，从不同的角度去开发、使用教材，那么，我们的语文教学也必定能满足不同学生的“口味”，输送给学生更多的“营养”，这就是针对语文教材的“一鱼多吃”。

下面就谈一谈在教学《黄鹤楼送别》一文时，我是如何从多角度出发，发掘教材的使用价值，做到“一鱼多吃”的。

一“吃”：走近诗人

师：课文同学们已经能读得很通顺了，谁能概括一下课文的主要内容？

生：本文讲了李白在黄鹤楼给孟浩然送别的时候情难自已，写下了《黄鹤楼送孟浩然之广陵》这首诗。

师：概括非常精准。对于大诗人李白，你了解吗？

生：李白是唐代的大诗人，被称为“诗仙”，我们学过他的很多诗，比如《静夜思》《古朗月行》。

生：我们还学过《望庐山瀑布》和《赠汪伦》。

生：李白才高八斗，但是他不巴结逢迎大官们，还曾经让高力士给他脱过靴子呢！

……

师：大家知道得真多。不过在读课文的时候你还有什么疑惑吗？或者说你还想再知道些什么？

生：我还想知道关于李白的故事。

生：读书的时候我想到李白称孟浩然为“兄长”和“老师”，李白已经这么厉害了，却还这样称呼孟浩然，这说明孟浩然比他还厉害，我想了解一下孟浩然。

师：说得真好！读书贵有疑，这说明你是一个有思想的孩子。读课文，还要读懂课文背后的人物特点和人物关系。其实刚才同学们所谈的对李白的了解也不是很全面，多是局限于他在诗歌上的巨大成就，所以对李白我们也还需要再深入了解。那接下来老师想问的是，你打算从哪些方面来了解这两位大诗人？

生：我想通过搜集他们的诗篇和他们的成长故事来了解他们。

生：我还想知道他们的人品，他们做官了吗？有没有给老百姓带来什么好处？

生：从课文来看，他们情谊深厚，所以我想知道他们之间的故事。

师：大家说得很全面，请各组组长给组员分配好任务，从不同的方面来搜集资料，走近这两位大诗人。明天的语文实践课上全班交流。

……

《黄鹤楼送别》是一篇“文包诗”，描绘了李白在黄鹤楼送别好友孟浩然的情景，表达了朋友间依依惜别的真情，展现了李白创作《黄鹤楼送孟浩然之广陵》这首名诗的情境和过程。文中的两位主人公都是大诗人，且品质高洁。如果将本文只当作普通的故事一读而过，同学们在脑海里留有印象的很可能只是两个熟悉的名字、一首关于送别的古诗。如果就这样和两位诗人擦肩而过，而没有走近他们，深入地了解他们，和他们高尚的品格对话，不得不说这是教师教学的一个疏忽，对于学生来说这更是一个损失和遗憾。基于这样的考虑，从培养学生的语文实践能力这一角度出发，在课堂上，我利用学生对李白已有的零散印象，勾连起他们对孟浩然的了解欲望，教会他们如何全面了解人物特点和人物关系，放手让他们自己去搜集资料，完善人物形象。引导他们学会探究课文背后的故事，从而正确把握人物之间的关系和情感。这样既锻炼了能力，又为接下来的语文学习做好了铺垫。

二"吃"：品诵经典

师：此时此刻，李白再也按捺不住激动的心情，随即吟出了脍炙人口的名诗——《黄鹤楼送孟浩然之广陵》。用心地品读这首诗，你从诗中的哪个词读出了李白此时的心情？

生：我从"碧空尽"读出了李白内心的依依不舍。孟浩然乘坐的小船已经消失在蓝天的尽头，李白依然伫立在江边，凝视着孟浩然离去的方向，真的很舍不得。

师：李白此时心里会想些什么？

生：他可能回忆起和孟浩然相处的美好时光，不由得眼泛泪光。

师：说得太棒了，你已经走进诗人的内心了！还有谁接着来谈谈自己的品读古诗的收获？

生："天际流"表面是写长江水滔滔不绝地流向天边，但是我记得有这样一句诗："抽刀断水水更流，举杯消愁愁更愁"，我觉得"天际流"还写出了李白内心的离别之情像长江水一样滔滔不绝，这是李白常用的夸张的手法。

师：你能联系其他诗句来理解这首诗，还说得这么恰当，你已经学会了融会贯通，很了不起！

生：我想谈"唯见"一词。哪怕长江的江面上有千条万条船，李白的眼里和心里都只有孟浩然乘坐的那一只，可见，李白对孟浩然的深厚情谊。

生：老师，我觉得"孤帆"和"唯见"是互相对应的，李白说孟浩然所乘的船是"孤帆"，正是因为他心中只有这一条船，是"唯见"啊！

师：那这个"孤"字就仅仅只是李白目中所见吗？你不觉得这也是李白在倾诉吗？谁读懂了"孤"字？

生：我认为"孤"不仅仅是李白眼中所见，还是李白此时心境的表达。好朋友走了，不知何日才能再见面，前途茫茫，李白心里一定非常孤独、失落。

生：我也同意他的说法，"孤"字写出了李白内心的孤寂和忧伤。

师：同学们，你们用自己的心读懂了诗人内心的情感，真正做到了和人物对话，老师佩服你们！离别之痛总是让人刻骨铭心，你经历过这样的离别吗？

生：今年过完年之后，爸爸妈妈又要出去打工了，我和奶奶到车站送他们，我心里很难受。

师：能具体说说当时的情景吗？

生：我们都哭了，隔着车窗，我都能清清楚楚地看到妈妈脸上的眼泪……

师：很对不起，再次勾起你痛苦的回忆，把眼泪擦干，要知道每一次离别都是为了下一次更好的相聚。

师：带着这样的心情你能有感情地读一读这首诗吗？

（自由练习感情朗读　指名感情朗读　指名朗诵　齐诵）

《语文课程标准》要求教师在教学中尤其要重视培养学生良好的语感。良好的语感从何而来？当然要从平时的朗读中获得。而古诗是中华民族的艺术瑰宝，教师更应把诵读作为教学重点。怎样才算是诵读得法？若只注重了节奏和韵律，缺少了对人物内心世界的揣摩、对古诗情感的深入把握，那无疑是只有躯壳而没有灵魂的诵读。因此，教学时如果增添“品诗”这一环节，引领学生走进诗句的字里行间，与诗人同悲共喜，通过调动学生的已有情感体验来创设情境，使学生心入其境，此时再来诵读古诗，必然形神兼备。

三“吃”：迁移写法

师：诗与课文我们都读完了，这时，再将诗与文对照，你发现了什么？

生：我发现了课文其实就是在解释诗的意思。

生：我觉得作者可能担心我们读不懂古诗，就写了一篇文章，文章的内容和诗的意思一样，这样我们在读课文时就把诗读懂了。

师：是的，文章是古诗的扩展和阐释，古诗是文章的浓缩和提炼，这就是“文包诗”的特点。

师：李白生活在距今已有一千多年的唐代，那《黄鹤楼送孟浩然之广陵》这首诗也已经被传诵了千年，而作者却能将这首诗的创作过程完整地展现在我们的面前，让我们恍如亲眼所见，奥妙到底在哪里？请同学们到课文中找一找答案。

生：我觉得这离不开作者的想象，他应该是读完这首诗后想象出来这样的画面，然后写出来的。

生：我认为作者为了写这篇文章一定还查阅了很多资料，比如李白写这首诗时的生活状况，李白和孟浩然的交往，孟浩然的为人什么的。

师：同学们说得真好，也就是说在改写古诗之前，作者除了要弄明白古诗的意思，还要掌握大量的相关资料，在这样的基础上，才能有合理的想象。

生：我觉得还需要细致的描写。

师：那么本文是从哪些方面展开细致描写的呢？

生：文章的开头先是环境描写，然后作者还详细描写了人物的语言、动作、神态。

师：你真的会观察，说得很全面。光会说还不行，现在老师也要给你们一首诗《别董大》，让你们把这首诗改写成“文包诗”的形式。你能行吗？你打算怎么做？

生：我要先弄懂整首诗的意思，然后查阅资料，了解一下诗里人物的特点和他们之间的故事。

生：我也认为要先做好这样的准备工作，在对古诗和古诗相关的人物、事情了解清楚以后，再开始想象。

生：写的时候要注意细节描写，要写具体。

师：看来改写古诗对于大家来说应该不算难事，今天放学后请同学们自学《别董大》，搜集相关资料，明天的作文课上，我们一起来改写这首诗。

《黄鹤楼送别》这篇课文，想象合理，描写细致，情感动人，从培养学生习作能力的角度来使用教材的话，它无疑是学生学习改写古诗的好典范。本着“读中得法，写中迁移”的原则，我先让同学们自己去发现、比较，总结出“文包诗”这类文章的特点，找到作者写作的方法。在学生明法之后，再放手让他们自己去学习古诗，搜集资料，完成习作。整个过程中，学生自己总结写作方法，自行学习古诗、搜集资料，自由写作，主观能动性得到了空前的调动和发挥。在这样的状态下，他们就会乐于完成，高质量完成。

叶圣陶先生指出：“语文教材无非是个例子”，是教学的基本素材，更是有待于活化的材料。只有当教师以学生为本位，把学生的发展作为教学的原动力，创造性地理解和使用教材，“一鱼多吃”，才能赋予教材灵性，也才能做到叶老所说的“凭这个例子使学生能够举一而反三，练成阅读和作文的熟练技能”。

如何将音乐元素融入小学美术课堂

刘晓蝶

美术和音乐都是比较独特的艺术形式，美术是视觉艺术，而音乐是听觉艺术。这两种艺术都有助于培养学生的创造力和想象力，激发学生的创作灵感和热情，调动孩子的课堂情绪。小学生是最具有想象力的一个群体，小学阶段也是培养学生审美能力的最佳时期。所以在小学的美术课堂中融入音乐元素会使课堂内容更加丰富，教学方法也更加多元化。那么如何将音乐元素融入小学美术课堂呢？以下是我的一些思考与尝试。

一、在小学美术课堂中融入音乐时需要遵循的几项原则

（一）引入音乐要把握时机，做到适时融入

将音乐元素融入小学美术课堂，发挥音乐的积极作用，可以使美术课堂充满活力。但这并不意味着在美术课堂中任何时候都可以加入音乐。教师在播放音乐时，要把握好时机，做到适时引入。例如，在学生做作业时，可以播放一些轻音乐作为背景音乐，营造良好的绘画氛围；在欣赏图片时，也可适当融入音乐或者各种音效，吸引学生的注意力，稳定学生的情绪，这样也可以有效控制课堂纪律。音乐融入要遵循适时原则，让音乐起到辅助服务于小学美术课堂的作用，避免产生本末倒置的后果。

（二）引入的音乐内容要与课堂教学内容相关，做到适当引入

在小学美术课堂中引入音乐是为了促进小学美术教学的创新与改革，使美术教学更加多元化，提高小学美术教育教学的有效性，以美育为前提，培养学生的审美能力。因此，教师在引入音乐时，要保证音乐的风格、内容、旋律与美术教学内容息息相关，营造良好的教学氛围，激发学生的学习兴趣和学习动力。例如，我在教授人美版小学美术一年级下册第十二课《春天的色彩》一课时，就引入了类似《春姑娘》《春天在哪里》这样的歌曲。教师要避免引入

一些与美术课堂无关的音乐，因为这样非但不能辅助美术教学，还很有可能分散学生的注意力，使美术课堂达不到良好的教学效果。

（三）引入音乐时间要有限制，做到适量引入

在小学美术课堂中引入音乐的目的是促进美术课堂教学的创新改革，因此，音乐在美术课堂中应当只是处于一个辅助地位。教师要明确音乐与美术的主次关系，即美术是主体，而音乐只是辅助者，不能为了追求创新而过量地引入音乐。如果过量引入音乐，不仅会消耗美术课堂的教学时间，不利于美术教学任务的完成；而且还会使学生沉浸在音乐世界当中，影响美术欣赏与美术创作。一节 40 分钟的美术教学课，音乐的引入量以控制在 5 分钟以内为最好。

二、在小学美术课堂适时、适当、适量引入音乐元素

将音乐元素融入小学美术课堂教学，有效注入音乐元素，实现音乐与美术相结合的综合教学，是对学生进行审美教育的主要途径，在教学实践中也具有可操作性，符合新课程改革的趋势。教师在开展小学美术教学的过程中可以在教学导入、教学过程、作品欣赏以及作品创作等环节，适时、适当、适量地引入音乐元素，使音乐真正辅助小学美术教学，从而充分调动学生的学习兴趣和学习动力，增强审美感受，促进学生个性的发展，丰富学生的情感体验，激发学生的想象力与创造力。

（一）利用音乐设置美术情景教学，在课前导入环节引入音乐

我现在教的是一、二、三年级的学生，低年级的孩子就是爱玩、好动，充满童心和好奇心。他们的认知活动大多是以兴趣爱好和好奇心为前提的。知识的积累和智能的发展，大多也是在无自觉意识的情况下完成的。特别是对于低年级的学生来说，如果在课堂上一开始就不能调动他们的情绪或者兴趣，那么接下来的课堂教学肯定是低效的、无用的。所以如果通过音乐或音乐游戏的方式导入新课，设置情境，便很容易激发学生的学习兴趣，使学生一开始就对教学内容有一定的认识，这样也就为整个美术课堂教学的顺利进行创设了一种积极向上的教学氛围。低年级的美术课堂尤其适合用音乐来导入，学生年龄越小，注意力越是不容易集中，如果在课前用学生熟悉或喜欢的音乐或者儿歌来导入，那么学生一开始便会被音乐所感染，接下来自然而然地就可以参与到学习活动之中了。例如，我在教授人美版小学美术三年级下册第十课《中国龙》

时，在上课前我便播放了那首荡气回肠的《龙的传人》进行导入，我发现很多学生都跟着音乐的节奏一起摇摆身体，置身其中，那种浓厚的爱国之情油然而生，学生很快便融入了课堂。又例如，我在教授人美版小学美术二年级下册第十二课《和妈妈在一起》时，播放了《世上只有妈妈好》这首朗朗上口的赞美母亲的儿歌。在轻快的音乐声中，学生跟随旋律、歌词，能够迅速产生对母亲的感恩之情，从而激发创作灵感，亲手画一幅作品送给自己亲爱的妈妈，感谢她多年的养育之恩。由此可见，利用音乐进行情景创设能够迅速集中学生的注意力，为整节课的开展奠定情感基础。但是，切忌在运用音乐进行课堂导入时引用与本节课教学内容无关的音乐。教师选择的音乐若能在风格、旋律、内容等方面切合美术教学，与美术教学的主题相关，就会使学生迅速融入美术课堂，从而提高美术教学的有效性，达到事半功倍的效果。相反，如果教师选用的音乐在风格、旋律、内容等方面与美术课堂教学的主题大相径庭，那么，播放音乐不仅会浪费美术课堂的教学时间，而且还很有可能分散学生的注意力，甚至使课堂变得嘈杂无序，美术教学的效率也就会随之降低。

（二）利用音乐培养小学生的想象力，在美术教学过程中适时引入音乐

我国清代画家王原祁对音乐与绘画的关系有着较为精辟的论述：“声音一道，未尝不与画通；音之清浊，犹画之气韵也；音之品节，犹画之间架也；音之出落，犹画之笔墨也。”这段论述形象地反映出了画中的音乐感。音乐是一门听觉艺术，人们通过音乐能够传递情感，引发人与人之间心灵的交流，让人与人之间产生共鸣。闭上眼睛，听着音乐，人们可以在幻想的空间里遨游。小学低年级的孩子正处于一个爱幻想的阶段。爱因斯坦说过：“想象力比知识更重要。想象力推动世界，是知识进化的源泉。”孩子们喜欢幻想，因为他们的生活本身就充满幻想。小学美术课堂为孩子们的幻想提供了最大的平台。美术创作就需要想象力，在美术课堂中，要有效地培养学生的想象力，将幻想放大，让他们大胆地去描绘自己内心的世界。例如，有一次在教授人美版小学美术二年级上册第一课《会变的线条》的过程中，我播放了各种节奏的音乐旋律，让学生感受音乐的旋律，以此激发学生的想象力，让他们将想到的任何和这段音乐感觉相似的线条、形状、图案、颜色都描绘在纸上——无论是奇形怪状的线条还是具体的形状，都可以绘画。我发现，有很多学生都画出了让我觉得惊喜的图画。音乐的魅力就在于通过听觉让人们在脑海中产生一定的画面感，再通过手里的笔，恰当地反映出一些脑海之所想。将音乐与美术结合，可

以使绘画创作的灵感在音乐的熏陶下得到良好的激发。小学生的想象力需要放飞，需要在想象的世界中自由翱翔，只有这样，才能够充分发挥出他们的创造力，才能够创作出富有个性和特色的艺术作品。而教师播放音乐正是为了给学生创造良好的学习氛围，激发他们的创作灵感，使学生可以跟随音乐的节奏变化，在想象的世界中尽情地翱翔。

（三）利用音乐丰富学生的情感，在美术教学作品欣赏环节引入音乐

美术是一门视觉艺术，所以欣赏经典作品是美术课堂教学的一个重要环节。学生通过欣赏经典之作，沉浸在美术的海洋之中，感受美术的魅力，在潜移默化之中提高了自身的审美能力。从古至今，从东方到西方，有一大批杰出的美术大师，他们将自己的青春乃至一生都奉献给了艺术创作，为后人留下了许多精品之作。学习和欣赏这些经典的艺术作品是培养学生审美能力的一个重要途径，学生从小就受到这样的熏陶，有利于自身审美能力的培养。因此，在小学美术课堂上一定会有作品欣赏这一环节。在此过程中，音乐也是不可或缺的。选取符合主题的音乐能够迅速营造美妙的气氛，音乐与美术作品相互映衬、相辅相成，有利于丰富学生的情感体验，培养学生欣赏美的能力。例如，我计划在今后进入高年级讲授人美版小学美术六年级上册第三课《戏曲人物》时，在引导学生欣赏和了解戏曲人物的同时，穿插一些戏曲音乐。由于学生年龄还小，阅历以及知识储备量还不够丰富，对我们中国的国粹文化还没有深入的了解，对戏曲人物、脸谱等都没有什么欣赏能力，如果按照常规的美术课堂的教学方式进行教学，很难让学生深入了解戏曲，即使有所了解，印象也不会很深刻，这时候，音乐元素的融入就可以起到至关重要的作用。教师可以引入各种戏曲配乐，比如，针对当下大多数小学生不了解戏曲的情况，可以采用李玉刚的《新贵妃醉酒》，让小学生在流行音乐与京剧结合之中感受戏曲的魅力。戏曲的种类多样，想要在一节课的时间里就全面了解或者出很好的作品那肯定是有难度的，但用这样的方式，让学生在脑海里留下深刻的印象，对之产生兴趣，即使不能当堂画出较好的作品，也能让学生充分感受到中国古典文化的魅力。我想，如果能这样，这就足够了，我们的目的也就达到了。这对经典文化的传承也就起到了潜移默化的作用。

（四）利用音乐营造良好的学习氛围，在学生创作环节引入音乐

学生是教学活动中的主体，课堂上教师要以学生的思考活动为主，尊重学

生主体性的发挥，尤其是对美术这门艺术课来说，学生只有参与其中，才能在实践中提高动手操作能力。因此，在小学美术教学过程中，教师要创造良好的学习氛围，鼓励学生多创作、多思考，不要一味地模仿。然而，目前在小学美术课堂习作过程中却普遍存在纪律涣散、课堂吵闹等问题。这是由于在美术习作过程中，学生处于比较自由和放松的状态，容易出现交头接耳、闲聊的情况。针对此，教师可以积极地引入相关音乐作为创作背景，使学生沉浸在自己创作的小天地中，为美术创作奠定基础。如果老师在学生创作绘画的过程中插入一些舒缓的、慢节奏的轻音乐，让他们边听边画，就可以很好地稳定学生的情绪。在美妙的乐曲声中，音、美结合产生的图画效果印在学生幼小的心灵中，一幅幅充满童真的作品就这样诞生了。音、美结合可以让学生对美术产生浓厚的兴趣，点燃他们创作的火种。无声与有声艺术的结合，使学生的创作更富有活力，学生在用心创作画作的过程中，自然而然也就安静下来了。

将音乐元素有效融入小学美术课堂，可以提高小学美术课堂的效率和质量，通过两门艺术学科之间的相辅相成，可以有效激发学生对艺术学习的兴趣，培养他们善于发现美、欣赏美、创造美的能力。正所谓“绘画是凝固的音乐，音乐是流动的图画”，在素质教育的今天，通过音、美的有效结合，大胆进行教学实践和创新，不仅可以提高艺术教学的质量，还能有效地提高学生的艺术素养。

参考文献

张烨维．浅谈如何让音乐在美术课堂教学中发挥实效［J］．职业，2014（3）．

顾洋．音乐在美术课堂教学中的妙用［J］．科学大众：科学教育，2014（1）．

（此文原载《苏州教育研究与实践》2017 年第 4 期）

一年级小学生不留语文书面家庭作业全攻略

屈　华

为全面、大力推进素质教育，切实减轻学生过重的课业负担，江苏省教育厅专门颁发了《关于切实减轻中小学过重课业负担的通知》（苏教基〔2005〕25号，以下简称《通知》）。

《通知》共提出了10项规定，其中的第四项规定为："控制学生作业总量。小学一、二年级不留书面家庭作业，其他年级书面家庭作业控制在1小时以内；初中一、二年级书面家庭作业控制在1.5小时以内。保证小学生每天有9小时以上、初中生9小时的睡眠时间。"

这个《通知》是站在素质教育的战略高度提出的，也是我们全体教师日常工作的纲领性指导文件。

思考一：一年级小学生不留语文书面家庭作业的必然性

一年级是九年制义务教育的初始阶段，即启蒙教育阶段，以兴趣、习惯、基础为着重点。轻松、快乐学习，是孩子们的主旋律。稚嫩的双肩，如何承受沉重的书包？纤弱的十指，如何对抗坚硬的笔杆？水灵的双眼，如何应对走马灯似的作业本？

从儿童的身心健康发展角度而言，一年级小学生不留语文书面家庭作业是必然的。

从教师应该存有的大教育观的角度而言，一年级小学生不留语文书面家庭作业也是必然的。

思考二：一年级小学生不留语文书面家庭作业的可行性

翻开一年级的语文教材，多彩的图画，大大的文字，简短的语言，生动的故事，这一切本体现的是简洁、生动、有趣。上册要求写的拼音（包括声母、韵母、整体认读音节）是63个，生字是129个；下册是298个生字。如此而已。如果连这些写字量都不能在学校完成，那就难怪家长要对学校的教学效率进行质疑了。

从一年级语文作业总量的角度而言，一年级小学生不留语文书面家庭作业是可行的。

思考三：一年级小学生不留语文书面家庭作业的可实践性

必然性也好，可行性也好，不能付之于实践，就没有任何意义。我们暂且以一学期 18 周，每周 9（8 节“语文”、1 节“说话”）课时计，总课时应是 162。再以第二册教材看，共有识字 1—8，课文 26 篇，练习 8 个。姑且先机械地将每个识字和每篇课文教学均以 2 课时计，那就共需 68 课时；另，每个练习以 3 课时计算，需 24 课时，再留出单元调研 8 课时，中期、末期复习 18 课时，那也还有 44 课时的在校作业时间，还不包括放心班、自习课时间（也许有的学校没有）。

从学校语文课程设置总量和教材的总需课时量测算，一年级学生不留语文书面家庭作业是可以实践的。

思考四：一年级小学生不留语文书面家庭作业的现实意义

1. 切实减轻了一年级孩子的课业负担，使“乐学”成为现实。早上看着小孩子迎着朝阳乐呵呵地到校，傍晚望着孩子沐浴着夕阳的余晖一蹦一跳地投入家长的怀抱，那种感觉好极了。

2. 从根本上敦促教师给教学“七认真”注入新的内涵。首先，教师在备课时就要切实关注孩子的实体，要精讲就必须更加突出重点、紧抓难点。其次，上课时教师要密切关注每一位孩子，对于每一项知识点是否都落实到位，心中必须清楚。再次，一年级小学生不留语文书面家庭作业，不等于机械地削减孩子的一半作业量，而是要全面整合书面作业的总量、类型。不仅要杜绝机械性的反复，更要遵循该年龄阶段孩子的遗忘规律，并关注个别学困生的特殊作业设计。第四，化整为零，适时随境以强化。学生的负担减轻了，教师的负担势必就要加重。在目前教育大环境没有根本改变的情况下，学生的学业负担压力是无法得到缓解的。要减轻学生的负担，教师自然要担起更重的负担。比如：哪个孩子哪个字词还没掌握，哪个孩子自然段的概念还不清楚，哪个孩子哪篇课文还没背熟，哪个孩子习惯性犯什么错……老师心中必须清清楚楚，甚至可以建立一个资料库。然后不必追求特定的时间和环境，而是适时给予指导：或是在给孩子午餐打汤的时候，请他背一小段课文；或是上课前五分钟，请他默三两个词；或是中午阅读时间，手把手地教一教标段落序号……一切看似都在不经意间，但是，一切的成效恰恰就在这样的不经意间显现了。

一句话，教师要精心设计课堂教学结构，竭尽全力追求高效课堂，以高效课堂换来孩子快乐的课余时间。

3. 一年级小学生不留语文书面家庭作业不等于孩子回家就不做作业。不留回家书面作业的目的是，将更多的时间留给孩子进行课外阅读——以课外阅读强化课内所学，尤其是强化生字的记忆，感受生词的运用。这项工作当然也要教师给予家庭一定的指导，比如，孩子适合看什么文章，课外阅读时要注意哪些细节，如何衡量孩子阅读效率的高低……

4. 一年级小学生不留语文书面家庭作业也在某种程度上缓解了整个家庭的恐学现状。这样不仅有助于使家庭教育走上良性循环发展轨道，更有利于学校教育的正常进行。

当然，要达到家校教育的和谐互长，教师更得懂点公关学、人际学……

切实减轻学生课业负担，是当今中国教育的一个大难题。我只是小作尝试，很多经验还很不成熟，权当抛砖引玉吧！

（此文原载《语文世界》2017 年第 6 期）

家庭教育指导的智慧和策略

屈　华

社会、学校和家庭的三结合体系，组成了孩子成长的理想环境。本文就从教师如何指导家庭教育的角度，阐述一系列教师与家长沟通的智慧以及指导家长的策略。

学校、教师给予家庭教育指导的终极目标，为的是让孩子能更好地成长，所以教师在整个家庭教育指导过程中，始终要以生为本，要善于换位思考。既要以师道之高指引家长，又要以师者之爱感化家长，还要以师学之高取信家长，更要以师长之智惠及家长。

理念：正确定位，换位而思，善解人意

在家庭教育指导过程中，很多时候，我们的老师不经意间都会很自我，以自己的立场和观点居高临下地教育家长，甚至教训家长。整个过程中，家长和教师的地位失去了平衡，于是家长也就失去了心理的平衡，家长是在被动、被压的境况下接受老师的批评和建议。这种状况不可取。

相当一部分老师或许能平心静气地与家长平等交流，可是，在交流前，功课没做到位，对问题学生的家长及他们的家庭教育状况不甚了解，对家长对自己孩子的教育期待高度和日常家庭教育的症结没摸清，于是在沟通中便不能有针对性地给出有效建议，家长在沟通之后仍然一片茫然。这种状况也不可取。

为了能有效指导家庭教育，我们的教师首先要对自己的身份有个正确的定位：师者，传道授业解惑也；继而，就必须善于换位思考，针对家长的现实需求进行“传道授业解惑”，而且必须精准精细，追求教育指导效应的最大化。对于少许有心结的家长，我们要善解人意，另辟蹊径，小心呵护他们的自尊心，维护他们的面子，指导工作要循序渐进、细水长流，避免急功近利。

认识：面对现实，立足大爱，不离不弃

家庭，是社会基层的最小组成部分。目前，家庭教育的状况是不容乐观的。数十年，不知不觉间，有半数以上新生代家庭丢失了传统的家风、家训、家规，相当一部分家庭的传统文化出现了断层。在这样的大环境下，我们的家庭教育指导工作任重道远。

改革开放30多年来，在以经济建设为中心的发展大潮中，很多家长自己的“三观”都未能正确建立，这势必给孩子带来极大的影响，同时也给我们的家庭教育指导带来了巨大的困扰。要想给孩子正确的家庭教育，首先必须在转化我们家长的教育理念上下大功夫。

教育是意识层面的行为，所以，我们必须清楚地认识到，奠定家长的正确教育理念是首要任务。要完成这个任务，培养家长们正确的思维方式就显得尤为重要了。家长有了良好的思维方式，才能以客观的态度去分析社会上的百态，以正确的眼光来审视我们的教育现状。我们教师要立足大爱，以爱去感化家长，以爱去架起家校沟通的桥梁，以爱去换取家长对我们的信任和敬重，只有这样才有可能弱化和淡化社会对教育的片面认识甚至错误评价，我们的家庭教育指导工作也才有可能收到实效。即使是对个别特殊家长和特殊家庭，我们也要不离不弃，因为他们始终是我们社会的一员和一部分，家庭教育指导要奉行“一个也不能少”的原则。

方略：讲求策略，智慧指导，春风化雨

古语说：“百姓百姓一百条心”。这是我们家庭教育指导面临的又一大难题。我们教师要想实现以一人之力找到一个支点，撬起数十个家庭的家长这一目标，就必须讲求家庭教育指导的策略。

面对很多家长已经定势的教育偏颇理念，面对家长异常固执的个性，面对这些对问题孩子束手无策的家长，我们更要讲求指导的策略，去撼动他们的“定势”，去“动摇”他们的个性，去唤起他们的信心。

策略一：加倍放大孩子的点滴进步

在家校携手教育的背景下，孩子取得的点滴进步，我们都要敏锐捕捉，及时给予褒奖，甚至可以加倍放大孩子的进步效应，以激发孩子内心的荣耀感，

继而培植家长内心的成就感，从而使家长更愿意接受我们给予的家庭教育指导。

策略二：以彼之道还治其身

一位家长到学校投诉：“孩子每天放学吃晚饭像饿狼似的，肯定在学校午饭没吃饱。”接到投诉后，老师暗暗观察了数日，发现该生每天午餐也像饿狼似的。在确认孩子午饭肯定能吃饱的前提下，老师便可以回复家长了：“您孩子每天午餐狼吞虎咽，家长是不是也没让孩子吃饱早饭呢?”家长天真，我们不能天真；家长草率，我们不能草率。他们的“天真”和“草率”正是我们开展指导工作的突破口。

策略三：推理演绎家长原有的偏颇理念

也许不少老师都遇到过这样的家长：老师，我们只要孩子每天快乐，学习成绩无所谓的；老师，我们以后要出国上大学的，请你不要对他太严格了……

每每遇到这样的家长，我们老师除了摇头之外，是否能有应对的策略呢?我认为不妨这样回应家长：您给孩子的这种一时“快乐”会牺牲掉孩子一生的快乐，孩子未来一生的快乐是建立在拥有良好的知识积淀和自身修养之上的。出国上大学是一条不错的路，可是，如果在国内没有打好扎实的基础，如何去衔接国外的继续学习呢？国外的大学也很严格，是宽进严出的。

策略四：不怕不识“货”，就怕“货”比“货”

曾经的计划生育国策，造就了很多独生子女家庭。祖、父两辈人面对一根独苗苗，怎么看怎么好，怎么看怎么喜欢。于是，不知不觉间就落到了不识“货”的尴尬境地。多年的教育实践证明，只有让家长的眼光由唯欣赏自己的孩子移向能欣赏孩子的同龄人群体，让家长的评价标准由唯自己的孩子至上提升为能客观衡量孩子的同龄人群体，使家长学会“货”比“货”，我们的家庭教育指导才能拥有心理基础。

策略五：一定要把孩子的教育责任纳入家长“忙”的范畴

教育孩子，是作为监护人的父母的义务和责任。可是，经常有家长借口自己工作实在太忙了，顾不上孩子的教育，从而疏忽了孩子的教育。其实，这样的家长不仅对自己的孩子不负责，也是对家庭的不负责，还是对社会的不负责。孩子是家长血脉的延续，是家庭的未来，更是社会未来发展的生力军。如果家长忙得连教育自己的孩子都顾不上了，那即使“忙”一辈子，到头来也终将是瞎忙。教育不好自己的孩子，对家庭对社会都是无法交代的。

……

行为：纲举目张，以智引导，逐渐深入

学校教育涵盖家庭教育，辐射家庭教育，但是无法包办和替代家庭教育。家庭教育是一门学问，很多学校也将之作为一门学科在研究。家庭教育，其实是父母的自我修行。家庭教育是培养人才的基础，对提高民族素质及社会文明程度具有深远的影响。家庭教育指导要抓住关键环节，要以极大的智慧去引导家长，以极大的耐心去做好一个过程漫长的指导，并逐渐深入。

要指导家长给孩子以智爱而不是溺爱。智爱和溺爱的区别在于：智爱是全面的关心，尤其是关照孩子的心灵；而溺爱是片面的关心，只关注孩子的表面需要。我们要引导家长教给孩子生存的本领。教孩子学会生存，这是做父母的首要责任。曾有人对某年60多位高考“状元”进行过调查，在调查时向60位“状元”提出了同一个问题：“你的父母最关心你什么？”从每一位“状元”那里得到的是同一个答案，这个答案不是“学习”，而是“做人”。这就是成功教育和不成功教育的根本区别。“状元”们的父母抓住了育人的“纲”，我们指导家庭教育也要抓住这个“纲”，纲举才能目张。要让我们的家长清楚地认识到：只要做人做好了，其他问题也就迎刃而解了。

家庭教育的指导要以完整的理论体系和典型的案例作为课程支撑，要站在构建家庭文化的高度去布局，要以确立正确的教育观为宗旨，要以培植家长的家庭和社会责任感为立足点，要以确立家长良好的思维方式为重点，要以家长和孩子的同成长态势为过程。

父母是孩子的第一位老师。从这个意义上讲，我们指导家庭教育，首先是要促使父母自觉接受教育，努力成为孩子的言行楷模。家庭教育对于父母而言，首先是自我教育，身教重于言教，所以，我们家庭教育指导的核心任务，其实就是指导家长成为合格的父母，继而成为优秀的父母。我们要指导和帮助家长重视和谐家庭文化的构建，指导和帮助家长精心营造一个令孩子身心健康成长的家庭人文环境。重视家庭教育是现代教育的必然，也是我们实施素质教育成败的关键所在。

参考文献

国家中长期教育改革和发展规划纲要［M］．北京：人民出版社，2010.

叶立群．家庭教育学［M］．福州：福建教育出版社，2000.

李石华．中国家庭教育缺什么［M］．北京：中国三峡出版社，2001.

白廷贤，刘淑琴等．中国家长的误区［M］．北京：中国华侨出版社，2005.

（此文原载《青苹果》2017 年第 6 期、《科普童话新课堂》2017 年第 5 期）

“开心辞典”的启示

——让孩子开心学习

屈 华

10多年前，我喜欢上了中央电视台的一档益智类游戏节目——王小丫主持的《开心辞典》。初期，只是受益于节目中丰富的知识，那真是天文地理、自然人文无所不包。慢慢地，我产生了一个好奇：益智类节目很多，为什么大家对“开心辞典”情有独钟呢？

于是，我每次都怀着好奇心收看“开心辞典”。

慢慢地，我理解了“开心辞典”的含义——“辞典”是智慧的化身，“开心”是快乐、愉悦，有兴趣。节目以“开心辞典”为名，蕴涵着编导期望观众能在快乐中获取知识的意图。缘于此，《开心辞典》成了广大观众喜闻乐见的节目。

也许是职业敏感，我对《开心辞典》的答题环节尤为欣赏。一连串的环节设计巧妙不说，还十分顺应观众、尊重人性。我想，这也许是这档节目吸引广大观众的深层次原因吧。

继而，我开始反思自己的教学环节并设问：能否将《开心辞典》独特的答题方式嫁接到我们的课堂中来？基础教育也讲究顺应学生的心理、尊重学生的人性，是否也能让我们的学生在快乐中学习呢？于是，我开始了课堂教学的实践尝试。

我的尝试宗旨是：学生怎么快乐怎么做，何时想要何时教，教以学为本。

一、改善师严生畏的紧张关系，营造融洽的课堂教学氛围

营造融洽的课堂教学氛围是让学生快乐学习的前提。如果师生关系能像王小丫和选手那样平等、和谐，该是多么的温馨和愉悦啊！而且，王小丫在选手答题遇到困惑的时候始终是充满期待的。

为此，为师者必须消灭潜意识里的“报复心理”——哼，平时不好好听，

现在不会了吧?!教师绝对不能以幸灾乐祸的心态去应对学生作业、考试中遇到的困惑。为师者，必须奉行“无贵无贱，无长无少，道之所存，师之所存也”的角色意识。为师者，还要不断培植自己的爱心，师爱对学生来说是一种鞭策和鼓励，关爱学生是教育的源泉。

是否能改善师生关系，是否能融洽课堂氛围，关键在为师者能否正确对待并宽容学生一时的走神、曾经的顽劣、某一阶段的马虎、某一次作业的错误……

为师者，要将王小丫始终充满期待的眼神嫁接过来；为师者，要让学生的眼神慢慢都能像《开心辞典》的选手那样饱含信任；师生之间眼神的有效互动，是民主的课堂教学氛围的基础。

二、紧紧抓住学生最渴望获知的那一刻，提供再学习的机会

为师者，一直在努力催发同学们强烈的求知欲，苦苦地期待学生自主探索状态的出现。可是，你是否知道，很多次当学生出现强烈求知欲的时候，却因受制于你的主观意识而一叶障目给荒废了?

如果你留心观察一下，就会发现同学们求知欲最强的一刻原来是:

——默写不出生字新词、英语单词、数学口诀的时候;

——背诵时突然想不起课文的时候;

——作业时，发现有一道题目因上课没认真听不会做的时候;

——综合练习时，发现有的知识忘记了或没有完全掌握的时候;

……

每逢这个时候，很多老师却是秉持“严肃”的态度，以“严”要求封杀了学生再学习的机会。学生无助、可怜的眼神，换来的是老师风刀霜剑般的眼神相逼。最终，“逼”得孩子作业本、卷面上留下了一个个红红的“××”。然后，学生怀着消极的情绪，很不快乐地订正。

我们是否能向王小丫学习一下，也给学生们提供三条求助热线呢?

——不会背了是吧?愿意马上再看看书、再练一练吗?

——不会默了是吧?愿意向同桌请教一下吗?或者愿意翻一下工具书吗?

——不会做了是吧?愿意再请教一下老师吗?

就算是考试又怎样?倘若我们把考试也看成是学生提高学习的一环，那在孩子自主学习订正后，老师把原本已扣的分数还给他，又何尝不可?相信这样做，每个学生都会仔细探究、认真订正，每个学生也都会快乐的。

教育的奥秘在于给学生以信心，给学生以再学习的机会，让学生在再学习的过程中清晰地体会到自己又提高了，这样学生就会越来越自信，整个的过程也会越来越快乐。

三、科学随机、适时个别地进行知识点的巩固和强化

课堂教学的知识是系统化的，而提优补差则需要将系统知识化整为零，适时随机地予以强化。这样做，是以加重教师的工作负荷来获得减轻学生学习负担的效果，学生学得轻松，学得扎实，肯定是快乐的。

比如：哪个孩子哪个字词还没掌握，哪个孩子自然段的概念还不清楚，哪个孩子哪篇课文还没背熟，哪个孩子习惯性犯什么错……老师心中必须清清楚楚，建立错题库十分必要。然后不必追求特定的时间和环境，或是在给孩子午餐打汤的时候请他背一小段；或是抓住上课前五分钟请他默三两个词；或是利用中午阅读时间，手把手地教一教标段落序号……一切都在不经意间，但是，一切的成效恰恰就在这样的不经意间显现了。

我们必须恪守一、二年级不留书面回家作业的规定。但是，有一种作业不妨一一单线发短信告知家长：利用晚上的时间，帮助孩子再巩固一遍所学知识。比如可以发这样的短信：您孩子今天的默写中有哪几个词默错，在学校已经订正了，麻烦您晚上再让孩子默写一遍；您孩子背诵课文时，第几自然段还不熟练，虽然勉强过关，但是晚上还请您再督促孩子背熟练些……我们知道，有参照的记忆都是不容易忘记的，而帮助学生为所学的新知识构建一系列记忆参照，是有助于他们牢固掌握知识的。可是，有些孩子对有些知识点，在白天、在课堂、在面对师生这个环境时，没有构建起有效的记忆系统。针对此，我们可以尝试帮他们构建起另一套记忆参照——在傍晚、在家里、在面对家长的环境里，重现一遍白天在学校里尚未掌握的知识点。

科学的教育艺术，是第一教学力。

四、学生情绪高涨，情感愉悦，自然也就快乐了

心理学家告诉我们，人的情绪和情感伴随着人的全部活动。良好的情绪和情感能给人以活力，有利于提高活动的效率。

“开心辞典”节目的主持人是快乐的——王小丫陪伴着选手一路闯关走向胜利，始终笑容可掬；选手是快乐的——凭着自身丰厚的知识积累，在主持人

的鼓励下，在现场观众和亲友团的帮助下，完成一题又一题，最终实现自己的梦想；不管是现场的观众，还是电视机前的观众，也都是快乐的——在收看节目的过程中，学到了知识，更参与了活动。“开心辞典”真是太开心了。

今天，审视自己的课堂教学，我认为为师者也要积极调动学生的情绪，努力培植学生的情感，让学生带着高涨的情绪、愉悦的情感投入学习过程中，学得快乐，快乐地学习。我相信，有朝一日，我们的学生也会大喊一声：“开心课堂”真是太开心了！

（此文原载《苏州德育》2016 年第 1 期）

以美导真　以美引善：小学生美育的现实意义

屈　华

小学生的“真善美”教育的功能就是教育人和感化人。就教育的内容和形式而言，“真、善”显得理性、抽象，而“美”更显现为感性和形象。我国著名美学家朱光潜在《谈美》中说：“美起于形象直觉。”对于小学教育而言，美育，更易于孩子们接受和理解。美育为先，而后以美导真，以美引善，是符合小学生的认知规律的。

本文就尝试践行小学生美育所体现的现实意义谈一些自己的看法和做法。

一、美境化心境

在校园里、家庭里、教材中，能够为孩子们觉察和欣赏的美境可谓多矣。这些美境，以不同的生机及变化万千的美态吸引和慰藉着孩子们，使孩子们心动不已。这“心动”便是美境化心境的体现。

校园里，春鸟啼鸣，秋虫吟唱；夏雨祛暑，冬日阳暖；家庭里，居室舒适，父慈母爱，温馨美满；教材中，纵横宇宙，纵观历史，纵情山水；这些无不对孩子们的心境产生着巨大的冲击。

陶行知先生说过：“真教育是心心相印的活动，唯独从心里发出来，才能打动心灵的深处。”当我们的孩子有机缘接触到这些美境时，一定要引领他们走近美境，让美境走进他们的心灵，打动他们心灵的深处。

美境固然能作用于心境，而心境，却也常常作用于美境。

同为春华赏花，黛玉悲命运的心境，想到的是：“一朝春尽红颜老，花落人亡两不知。”贾母叹垂暮的心境，想到的是：“老年虽有惜春意，白发已非赏花人。”

由此可见，小学生美育首先要明确美境化心境的重要性，只有有了美的心境，孩子们才能美视天下，继而去欣赏美、传递美和创造美。

二、美景生美情

清末民初大学问家王国维在《人间词话》中说：“一切景语皆情语，一切情语皆景语。”这是说，作品中一切描写景色的句子，读者都能从中体会到作者的思想感情。表面上读的是景色，其实读的却是作者的感情。可见，美景生美情，美景可怡情，美景足以怡情。

文学作品原本就是以情感来打动人的，语文教育是审美教育，说到底就是情感教育。它需要学生情感的参与并激发学生的情感，是美育的中介。

情感教育又是美育的首要特性。情感教育是完整的教育过程的一个组成部分，一切的教育过程也便是情感教育的过程。如果小学教育不能开启孩子的情感世界大门，不能引起孩子情感的激动，就不可能真正实现美育的目的。

小学语文教材中的美景课文何其多，仅苏教版低年级段就有《小池塘》《春到梅花山》《鲜花和星星》《这儿真好》《水乡歌》《云房子》《夕阳真美》《月亮湾》《鸟岛》《台湾的蝴蝶谷》等10余篇。课堂上，教师要引领孩子从描写这些美景的字里行间去体会作者的思想感情，从而催生每个孩子的情感体验。

除此以外，还有很多优秀的文学作品包含着丰厚的生命意识和情感体验，教师要引领孩子们以时代精神和历史意识来审视生活，使行行文字成为一种精神价值的测定。教师若能以培养人的诗意情怀，以超越教材理性工具的审美眼光，以“美无处不在”的态度去看待人生，那就是具有了至高的美学态度、至高的人生态度。

三、美言养美品

高尔基说：“作为一种感人的力量，语言真正的美产生于言辞准确、明晰和动听。”教师应该善于运用艺术化的语言，调动修辞手段，使语言生动活泼、妙趣横生，让学生听得清晰、明白、有趣。

教育语言的审美作用，就是在教育动之以情、喻之以事和晓之以理的过程中，给学生以审美的愉悦，从而满足学生的审美需求。教育语言的审美效应，主要取决于教师语言的艺术技巧。优秀的教师不仅能快速、准确地传递知识的信息，同时还具有丰富的精神内涵。

因此，作为教师，必须追求语言艺术，并努力涉猎文学、语言学、美学、心理学等多个学科。教育存在于社会，将语言运用于教育的教师以及接受教育的学生都是社会的人。因此，其所处社会的哲学观点、思维模式、文化心理、道德观念、风俗习惯、社会制度乃至政治信仰都不可避免地会对教育语言产生作用和影响。

这里，教育语言中的“理”就是要体现道德品质中的“真”，“情”就是要善于寻找和发现孩子们的心理态势及其共鸣点，此二者的目的是最大限度地融入孩子们的思想、情感、意志，最终获得美言养美品的教育效应。

四、以美导真

美育对于智育的实施有着不可替代的独特作用，美育能够以美导真。学生在老师的引导下，通过对自然美、社会美、艺术美、科学美、教学美的欣赏，可以在愉悦精神的同时了解自然、了解社会，掌握各种科学知识。

以美导真，能极大地开拓孩子们的视野，充分调动孩子们学习、钻研的积极性。在各科教学中以美导真，不仅能够大大调动学生学习的兴趣，更便于使学生认识和掌握学科的内在规律，使学生学会融会贯通、举一反三，真正提高其发现问题、分析问题和解决问题的能力。

甚至对于家庭教育，以美导真同样显奇效。比如，提到赏识教育，估计无人不晓。但是如何开展赏识教育呢？也许就鲜有人知了。“赏识教育”即为“真”，那么，如何以美去导这个“真”呢？不妨让我们一起来读一读《妈妈，只有你能欣赏我》这个故事。故事中妈妈的形象近乎完美，这位近乎完美的妈妈运用完美的赏识教育，一路将一个好动、上课注意力不集中的儿子培养成了佼佼清华学子。每次我讲完这个故事，总有一些家长动情流泪。这就是以美导真赏识教育见成效的典型案例。

五、以美引善

莎士比亚说过，外在的相貌其实是内心世界的一面镜子：善良使人美丽。拥有一颗善良的心，远胜过任何服饰、珠宝和妆扮。是的，现实中，有一种美丽是我们看不见、摸不着的，它需要我们用心来感受，这种美丽就是善良。

小学教材中有许多美育元素，教师可以通过这些丰富生动的美的感性形象，使学生在道德品质方面受到“善”的潜移默化的影响，引导他们形成高尚的道德情操和道德行为。

比如，苏教版《语文》三下课文《花瓣飘香》。这篇文章选取生活中极其平常的小事，给我们展示了一个小女孩充满爱的金子般的心灵，她不仅爱惜花草，也深爱着自己的妈妈，是一个敬重父母的懂事的孩子。这篇文章也是在弘扬中国特有的孝文化，教师可以借文中女孩的美好形象引导学生敬爱、孝顺自己的父母和长辈。

又如，苏教版《语文》四上课文《诚实与信任》，这篇文章记叙“我”深夜驱车回家途中，不小心撞断了路边小红车的反光镜，“我”主动留下写有自己姓名、电话的纸条，后来，双方通过电话使事情得到了圆满解决。这篇文章说明了诚实和信任比金钱更重要的道理。诚信是中国儒家思想的精髓，而善又是诚信之源。教师可以引导学生体悟文章中人物的言行，从而培养学生言必信、行必果的品性。

善是基于爱心的基础上的。爱，是维系社会的心灵纽带。审美就是爱心的流露。审美的“美”一般以善为前提，因此审美的“爱”有助于道德情感的培养，反过来亦然。这就是以美引善、以善成美。

美育对于树立小学生社会主义荣辱观具有重要而独特的作用。社会主义荣辱观教育重在说“理”，而美育重在动“情”。要达到社会主义荣辱观的教育效果，教师既要对学生晓之以理，更要对学生动之以情，因为情通则理达。从鉴赏美的角度来说，一个人的美学知识决定了他的审美境界。从美的创造来讲，只有具备了一定的审美知识，才能自觉地进行美的创造。以美导真、以美引善就是要通过创设情境诱发审美态度，使学生主动感受、鉴赏、内化，形成关于真、善、美的价值观念，进而对真、善、美有所追求。这种追求作为一种比较稳定的有系统的习惯情绪，就是情操的表现。高尚的品德和情操，在学生的言行中表现出来，就是他们的人格美。进步、积极的人生观就是人格美的核心。

未来社会更需要美，需要对美的发现、追求和创造。这深刻表明了小学生美育的现实意义。美育让小学生感受美、品味美、认识美，进而创造美，使其灵魂得以净化，身心得以平定，情感得以升华，是有利于培养小学生健全的人格和深厚的精神底蕴的。

（此文原载《苏州教育研究与实践》2015 年第 3 期）

以生活为依托感受数学课堂的图形之美

——以《七巧板中的奇妙世界》为例

宋玲萍

数学家华罗庚曾经说过："宇宙之大，粒子之微，火箭之速，化工之巧，地球之变，日用之繁，无处不用数学。"生活离不开数学，数学同样离不开生活，儿童生活中的数学常识、经验，是他们学习数学的基础。在数学教学中，我们应让学生置身于生活化的数学问题情境，使其体验数学学习与实际生活的联系；贴近学生生活，将数学生活与学习联系起来，从而激发学生的求知欲；让学生在学习中始终保持兴奋、愉快、渴求、探索的状态，提高学生学习数学的兴趣和信心。以上做法都是为了让学生充分体验"数学来源于生活，又服务于生活"的本质。

2011 年版《数学课程标准》提出，"图形与几何"的主要内容有：空间和平面基本图形的认识，图形的性质、分类和度量；图形的平移、旋转、轴对称、相似和投影；平面图形基本性质的证明；运用坐标描述图形的位置和运动。笔者通过对七巧板的教学，深刻地体会到了数学课堂中图形之美带给孩子们的生活享受。

"兴趣是最好的老师。"学习的效果和学生的学习兴趣紧密相关。因此，教师要把创设良好的教学情境看作一项特别重要的教学任务，从而调动起学生的学习兴趣。正如叶圣陶所言，要让学生"高高兴兴地学，有滋有味地学"。为此，我在墙壁上贴上各式各样的七巧板拼贴图案，以一幅幅充满童趣的拼图把学生带进一个个童话般的七巧世界，并在他们面前摆上问题，让他们去解决，以提高他们的创新意识，培养他们举一反三的能力。

以下为《七巧板中的奇妙世界》的部分教学过程：

一、由少变多的图形之美

1. 先用两三块拼

师：同学们，下面让我们一起动手拼一拼七巧板，感受一下它到底巧在哪里。先请你选择两块、三块拼一拼。

教师指导学生进入“拼图乐园”用电脑里的插件拼。拼完后用电子教室调用学生机器看各人的拼图情况。

师：谁来说一说，你用两块七巧板拼成了什么？有谁选择的是同样的两块，却拼出了不同的图形？（正方形、平行四边形、三角形、帆船、蝴蝶）

学生派代表说自己拼图的故事，大家点评。

师：同学们，你们发现用两块七巧板，他们的块数怎样？

生：相同，但他们拼出的图形却不同。

教师总结：相同的块数可以拼出不同的图形。

师：再来看如果要求拼出一个平行四边形，能有几种拼法？你们通过拼图发现了什么？

生：块数不同可以拼成相同的图形。

师：同学们不仅拼了图，还找到了一些规律。大家想不想用更多的块数来拼呢？

2. 用 7 块拼

师：请大家用 7 块拼，选择下面的图形拼一拼。

全班交流。

帆船

兔子

师：同学们，你们来看一看，这几幅图就是同学们刚才拼的，请大家仔细想想，在拼图过程中有没有发现什么？（都含有基本图形，这些基本图形可以组合成组合图形）

师生总结：这几块图形只要先固定其中几个，再确定其他位置，就可以比较容易拼出来了。

二、用巧手创造美图

1. 看拼图，听故事

师：刚才我们看了同学们拼的作品，你们是不是觉得很有趣？下面放松一下，让我们来听几个故事吧。

进入七巧故事。

……

你听了故事以后知道了什么？

2. 学生分组自由创作

师：听完刚才的故事，老师有个任务交给你们，你们愿意吗？请小组合作，一起来想个故事情景，用七巧板拼个故事出来。给你们的作品起个名字。

学生分组进行操作，教师巡视指导。

学生派代表说自己拼图的故事，大家点评。

3. 比一比：看谁反应快

教师出示1～9的数字，请学生一个一个拼一遍，然后每组请一人上台比赛，从1拼到9，看谁拼得又对又快。

这是一堂集欣赏美与动手操作为一体的综合实践课。为了更有效地突出重点，突破难点，按照学生的认知规律，遵循教师为主导、学生为主体、训练为主线的指导思想，在本课的教学过程中，我充分发挥多媒体的作用，让学生在观察中思考，在动手操作中探究，在理解中创新，以学生的自主活动和合作活动为主。

教师是课堂的组织者与引导者，教师应把课堂还给学生，创造性地运用教材，创设性地设计教学活动，充分发挥网络课的优势。我通过展示由七巧板拼成的各种小动物图案吸引学生的注意力，从而提出问题，调动学生的学习欲望，掌握七巧板的组成及其他知识，使学生对基本图形有更深入的认识。通过让学生选择自己喜欢的图形拼图及自创图形的竞争与交流，将课堂气氛推向高潮。本节课时间安排紧凑，互动性较强，充分体现了网络课的优势。

不足的是：利用“七巧板研究空间”工具软件拼图，由于工具的限制，在一个页面上只能拼出一个图案，若要拼其他的图案，只能将原先的图案拆散，不能全面展示每个学生拼出的所有作品，利用网络教室广播教学进行作品交流；受时间限制，作品交流较少。因此，今后在网络教学中，类似选择哪种工具软件可以让学生在一定的时间内拼出更多、更丰富的图案，同时又能将之全部保留并尽可能多地展示出来这样的问题，还值得我们思考。

经过本节课，我对图形之美又有了新的认识。

（一）教——美育

蔡元培在《普通教育与职业教育》中说道：“所谓健全的人格，内分四育，即体育、智育、德育、美育。”美育以陶冶我们的情操为目的，从而使我们具有美的理想、美的情操、美的品格、美的素养，具有欣赏美和创造美的能力。在小学数学中引入美育，不仅能让学生在启蒙教育中感受美，而且能提高学生的学习兴趣。美的事物总能吸引我们的双眼。对于学生来说，上一堂文字与图形结合的课就像是看绘本一样，既获得了知识，又享受了视觉之美。

（二）学——生活

“以学定教”这一教学思想的实质就是：教学的根本目的是帮助学生学。教师想教什么，要怎么教，归根结底还是要根据学生的学情，要依据学生的学习状态。我们的目的是让孩子全面发展。学生学习内容中最重要的是学会生活，而在美育的过程中，我们往往将知识与生活相联系，让学生将所学运用到现实生活中去，体会“学有所用”的乐趣。现今的教育，不再是往日传统的灌输，学生也不再只是坐在教室里接受老师的给予，而是自己主动伸手去触摸，在实践中将书上的知识“占为己有”，成为学习的主人。

（三）升——价值

学生在主动学习的过程中慢慢地体会到了学习的乐趣和价值，在不经意间也提升了自己幼小生命的价值。随着学习的不断深入，他们的人生理想、价值观也在朝着“正能量”的方向发展。等他们某一天创造出了属于自己的价值，也就实现了自己的社会价值，所以他们的这种对美的追求，其实也是对自己生命的一种热爱。

笔者在教学中非常注重学生的全面发展。学数学，不仅仅只是学会用数学的眼光看世界，而且还要借助全身活跃的细胞来感受世界。图画，吸引的是学生的眼球，激起的是学生的学习兴趣。常常有学生因为课堂中插入的图形而双眼放射光芒，他们惊叹的不仅仅是图画的神奇，更是数学课堂竟能在图画的欣赏中度过。能够有这样的教学效果，教师何乐而不为？也常常有教师因为怕麻烦而古板地教学，这样做只能抓住学生的躯壳，流失的是学生的灵魂。同样一节七巧板的新授课，若是只让学生看书、摆弄七巧板，而不是让学生接触有效的资源，或是展示自己的作品，那往往只能是一节失败的课——学生只记住了七巧板，而忘记了七巧板是多么美。我们进行教学的目的并非是追求学习机器的养成，我们要的是一个个活泼向上、充分感受美、体现自身价值的个体。

笔者认为，教师绝不能纯粹地只让学生提高学习成绩，而是应该站在更高的高度去思考如何教学。学生的各方面都处在发展之中，我们就像一名名雕像师傅，衷心希望学生能成长得更加美好，能更加积极地面对生活，成为快乐的人。

生命的价值是难以衡量的，而它又体现在点滴生活中，愿同学们能在学习与生活中不断汲取能量，提升生命的价值！

（此文原载《小学教学研究》2016 年第 10 期）

从幼儿前书写过渡到写数字的实践研究

宋玲萍

前书写是指学前儿童在未接受正式的书写教育之前，通过观察和积累环境中关于汉字的知识，使用笔或者其他书写替代物，通过感知、涂画、涂写等形式，从不会书写到获得初步书写能力的发展过程。这一发展过程可以是幼儿自发产生、自主进行的游戏活动，也可以是在成人的引导下进行的以游戏为主的学习活动。[1]

一、研究对象

萱萱是一名4岁女童，9月份将要上幼儿园。利用暑假，笔者对她进行了适当的训练。该女童语言表达甚是流畅，心智也较成熟。平时喜欢看动画片，能跟着说或唱节目中出现的台词与儿歌，语言模仿能力较好。但是家长没有教过她写数字，她平时常在纸上随心所欲地涂、画。会背1～10，会数数。

二、了解幼儿各方面发展

（一）小肌肉群

肌肉群是指相同或邻近部位肌肉组成的功能统一的群体。小肌肉动作是由小肌肉群所组成的随意动作，一系列的小肌肉动作就构成了协调的小肌肉运动技能。[2]幼儿手腕部的小肌肉群发展还不够完善，眼手协调能力较弱，指尖、手指完全的动作不够灵活，因此，初次握笔会有很大难度。

（二）具体形象思维

具体形象思维是指儿童的思维主要是凭借事物的具体形象或表象以及对表

〔1〕 吴玲．农村教师的幼儿前书写观研究［D］．西南大学，2014.
〔2〕 全日制小学数学课程标准（2011年版）［J］．2011.

象的联想来进行的思维。笔者观察到，三四岁的幼儿通常是根据事物的外形特征来识别事物，四五岁的幼儿渐渐能够认识到不同物体的属性，并能够根据它们的本质来进行区别。我们会发现，幼儿一开始进行算术学习时，都是借助手指或利用具体事物来完成的。如：计算2＋4＝6，幼儿会联想到两根手指加上4根手指就是6根手指。

（三）前期准备

萱萱从来没有学习过如何握笔，只会抓着笔在纸上画一些随性的线条或者绕成圈的图案。她是把笔抓在拳心里的，并不规范。若是现在立马让她学习规范的握笔姿势，难度肯定会很大。因此，笔者决定先从她手部的小肌肉群开始训练起。考虑到幼儿手部力量还不够强大，于是我就从最基本的团纸球开始，对她进行手部小肌肉群的训练。先让她将一张大纸团成小纸球。这一要求看似简单，但是对幼儿还是有一定难度的。她一开始觉得很有趣，使出全身的劲来团，但是不一会儿手就使不出劲了，想放弃。随后，我让她拿去纸团，伸出双手，握紧拳头，张开五指。这样握放、握放练习几天之后，她的手腕灵活了不少。

而后，笔者又对她进行撕纸条训练，以锻炼其小手指的肌肉群。具体做法是：运用两手的拇指和食指，使两手配合协调，完成撕纸条训练。不要求撕得整齐，只要求其能将一张完整的纸张沿折痕撕成若干小纸条。起初，她只会把一张纸撕成两片，而且宽窄不均衡。两天后，笔者对她提出了新要求：拿出A4纸，从上往下撕，尽量做到纸条各处同样粗细。慢慢地，她就能把一张A4纸撕成10张大小不一的小纸条了。

除此之外，萱萱每天都会做些手部小操。比如，转动手腕：先向外转5圈，再向内转动5圈。还有手指的弯曲、伸直等。完成类似的训练虽然手会很累，但是手部的确灵活了不少。

三、开始训练

（一）分类

笔者把数字0～9进行了归类：把1、4、7归在一起，不难看出，这几个数字分别是由竖、横构成，笔画较简单；把0、8、9归在一起，这几个数字中都可以看成有“0”；把2、3、5、6归在一起，这几个数字都有些弧度，写起来会有些难度。

（二）化繁为简

根据数字的特征，笔者把每个数字都进行了描述，主要采取分解的方法。如写“4”时：一个“1”，再一横，最后一个“1”。书写“9”时说：先写一个“0”，再写一个“1”。“9”看上去像一根棍子上面拴着一只小气球。书写“3”时说：先写一条弯弯的线，再写一条弯弯的线，就像两座山一样。她学起来兴趣颇高，掌握得也较快。在尝到成功的喜悦之后，她的兴趣也就更浓了。笔者对她的安排是一天写一个数字，每天写半小时，多了她会觉得枯燥乏味。

初写数字，笔者给她买了日格本，企图让她先描再写。但是，孩子对描还没有概念，根本不能一行一行写。因此，这一阶段还不能要求她把数字写进格子。假如同时提出上述要求，势必会增加她学习的难度。每个数字都是笔者握着她的手写5遍，然后再让她自己试着写。到写第五遍时，我感觉到她的手有股劲，试图挣开手自己写——她已经对数字有点感觉了。一天一个数字的节奏看来是差不多的，符合她的接受水平。

四、一些问题

第一个问题是反写。如写“0”，就如同画圈，规范的写法是从右上起笔，向左下画，与右上碰头。萱萱常常是反着写，从右上往右下画圆。如写“6”，应该是往左下写，她却往右下再画圆。如下图：

第二个问题是歪着写，如“3”，她写的“3”是横着的。如“8”，也是横躺着的。如下图：

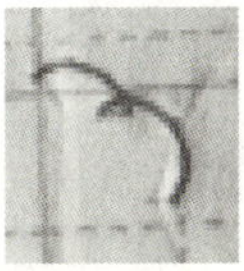

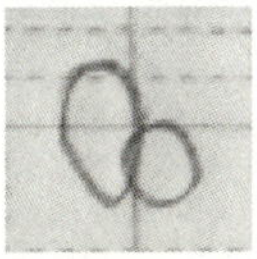

五、究其原因

幼儿在大脑发育期，其左右两脑的分化和分工还没有完善，在思维上会趋向于自然以及本能。所以，萱萱的表现也是很正常的。随着年龄的增长及大脑的发育，这些现象慢慢会消失。人的身上有一对“照相机”，那就是眼球。眼球接受部有一个晶状体，它相当于照相机镜头，可以把人眼睛前方物体的缩小倒立物像印在视网膜上。视网膜上的感光细胞受到物像刺激后产生信号，沿着视觉神经传送给人的大脑视觉中枢。由于三四岁小孩的视神经还没有发育成熟，看到的物体是倒着的，所以就出现了反写现象。这是较为科学的解释。

另外，幼儿平时的习惯也会对书写有所影响。萱萱平时看电视喜欢怎么舒服怎么坐，常常是身体斜躺在沙发上，斜着看电视屏幕。这样的习惯就导致她写字的时候无法身体端正、腰背挺直。腰背不挺直就要歪着头才能看清楚手里的笔尖，因此她所写的字就是斜的。再加上她写字时书本没有放正，也不知道如何放正，所以写出来的字歪斜的程度就更深了。

六、训练结果

经过 1 个月的全程练习，萱萱取得了很大的进步。虽然她写字还是毫无章法，但是基本形态是正确的，相信只要多加训练，再给她一些规范，一定会写得更好。下面是她学完后写的一些数字：

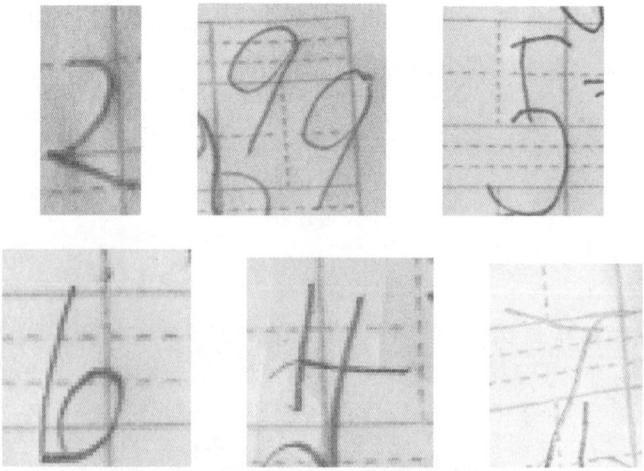

七、启　示

（一）根据幼儿的认知发展规律进行教学

生活中不乏焦虑的父母，总希望自己的孩子走在同龄孩子的前头，殊不知幼儿的发展也遵循一定的规律，超前或者滞后都会带来不小的影响。

关于滞后。笔者碰到过多个来自“老家”的一年级新生。所谓来自“老家”的新生，就是学前教育薄弱，跟着爷爷奶奶生活，父母长期在外打工的新生。他们被长期封闭在一口“小井”中，交流甚少，学习习惯糟糕，甚至连最基本的握笔都有困难。这些孩子的学前教育就是滞后的。升入小学后的他们，说话带着家乡口音且声音微小，又怯于与别人交流。这些孩子要想跟上正常水平，就要付出多倍的努力。

关于超前。随着生活水平的日渐提高，大部分家长都想着让自己的孩子学着学那。孩子还没升入小学，就开始了各种训练。孩子连汉语拼音“a”“o”“e”都没有写正确，家长就急着让孩子书写英文字母“A”“B”“C”。孩子连基本的口算还没有过关，家长就急着帮孩子报奥数班。结果，拔苗助长。孩子什么都没有学好，反而浪费了大把时间。

就像婴儿先要学会爬，才能学习走，紧接着再学习跑一样，不管什么事情，都必须有一定的时间安排。盲目跟风是行不通的。笔者常和家长交流，要求他们根据孩子的自身情况来让孩子做题。笔者提倡因材施教，认为不同层次的学生应该有不同层次的要求，主张让学生在力所能及的范围内进行提高，以获得自信心。

总之，笔者认为，只有循序渐进才能久存。

（二）学习习惯大于学习成绩

笔者发现，不少家长急于求成，渴望子女成龙成凤，却把孩子的学习习惯丢在一旁。小学阶段的主要任务是培养学生良好的学习习惯和良好的思维方式，若是只关注学生的成绩，那只会培养出一个个做题机器，孩子也会被折磨成失去灵魂的躯壳。笔者遇到过这样一些孩子，他们坐不定，似乎有多动症倾向，让他坐定 10 分钟比登天还难。还有的学生课上手总不听使唤，一会儿玩玩铅笔，一会儿掏掏桌肚，甚至做些极其不文明的行为。而家长来学校询问的内容只有：我们家孩子学习成绩如何？笔者很惋惜：家长过于追求成绩，是为了孩子，还是为了自己的面子？

（三）创设富有趣味的学习情境

建构主义学习理论强调创设真实情境，生活与实际相结合。把生活中的情境带入数学课堂，不仅能让孩子有身临其境之感，还能让孩子感受到生活与数学的联系。玩是孩子的天性。小学教师在备课时总在找寻能够吸引孩子的开场白。其实，身边的趣味情境有很多。比如，在学习小学数学三上“间隔排列”时，就可以找找马路边的树木、旗帜；在学习小学数学二下“角的认识”时，就可以找找建筑物中出现的“角”；在学习小学数学二上“认识米”时，则可以带着孩子们来到操场上感受50米冲刺。

2011版《数学课程标准》指出：数学教学活动应激发学生兴趣，调动学生积极性，引发学生的数学思考，鼓励学生的创造性思维；要注重培养学生良好的数学学习习惯，使学生掌握恰当的数学学习方法。学生学习应当是一个生动活泼的、主动的和富有个性的过程。[1]

当今社会，传统的授课制已经被淘汰，教育理念在不断与时俱进，学生的主体地位日渐鲜明。教师作为教学的引导者、组织者和合作者，主要是辅助学生自主学习，增强学生的思维能力。

在我们的认知中，私塾里面的先生都是拿了把戒尺，反着手在教室里面走来走去，学生一不小心就会遭受当头棒喝。如今，没有了戒尺，没有了先生常年板着的脸，取而代之的是老师们竭尽脑汁变着法子为学生创设愉快的学习氛围，在教师快乐的同时，学生也快乐着！

八、结束语

从事小学教育的我们应当全面地了解学生的各方面发展。从他们的生理到他们的心理，我们都必须时刻关注。有了这次的经验，我对幼儿学习写字有了深入的理解。学习一件事，并不是直接就上手，前期准备也很重要。何况对幼儿来说，接受并不是那么容易的事情。

要想让孩子高效率地学习，老师必须顺应孩子的认知发展规律。而寓教于乐，不仅能提高孩子的学习兴趣，还能让孩子快乐地习得知识。

（此文原载《数学大世界》总第304期（2017年））

〔1〕全日制小学数学课程标准（2011年版）[J]. 2011.

课堂中真正的主力军——学生

宋玲萍

2011版《数学课程标准》指出：教学活动是师生积极参与、交往互动、共同发展的过程。有效的教学活动是学生学与教师教的统一，学生是学习的主体，教师是学习的组织者、引导者与合作者。[1]传统的教学，总是由教师主宰一切，学生紧跟教师的步伐，缺少了自我修炼的机会。新课程改革要求教师由传统的知识传递者转变为组织者、引导者和合作者，教师的地位从主宰变为辅助，其实要实现这一目标，难度是很大的。

一、正确理解自主学习

自主学习的实质是以学生作为学习的主体，通过学生的独立分析、探索、实践、质疑、创造等来实现学习目标。如今“自主学习”已然成为教育界的“时尚风标”。不管是评课赛课，还是聆听专家的演讲，要想让学生享受学习，“自主学习”总是首要条件。但是教师们也常茫然：专家们所说的“自主学习”，真的能带进每一位一线教师的课堂吗？笔者认为，就如同我们常说的“因材施教”一样，不同的学生，不同的课堂，也应该有不同的自主学习的方式，而且还要有不同的时间限制。

二、自主学习的内容

自主学习并不是把时间和空间丢给学生就行了。学生的自主学习应该包含以下方面：确定学习目标、制订学习计划、做好具体的学习准备，在学习活动中能够对学习的进展、学习的方法做出自我监控、自我反馈和自我调节，在学习活动后能够对学习结果进行自我检查、自我总结、自我评价和自我补救。然而，这些要求对小学生来说是有难度的。因此，由教师来明确就显得十分必

〔1〕 全日制小学数学课程标准（2011年版）［J］. 2011.

要。在学生方面，教师先要对小学生的自主学习能力进行培养。

三、自主学习能力的培养

（一）增强学生提问意识，为学生创设提问的时间和空间

爱提问的学生总是很活泼的。在小学课堂上，学生总会时不时地冒出几个令人啼笑皆非的问题。但是有部分学生却始终被冠名为“课堂中的沉默者”，他们对于教师的课没有丝毫疑问，或者即使有也不敢大声说出来。笔者认为，后者更令人担忧。好奇心人皆有之，对于学习中出现的问题，学生理应及时发表出来。但是，为什么有些学生怯于发言呢？这就与学生的学习环境和生活环境有关了。在学校，这无疑是教师的责任。增强学生的提问意识，对课堂教学的开展以及学生的知识获得有很大帮助。要让学生多问，教师就要为学生创设这样的一个平台——为学生提供“问”的时间和空间。首先，教师与学生应该没有距离感，让学生不畏惧提问。其次，教师要教会学生提出问题的方法。教师可以引导学生从以下几个方面提出问题：从课题中提问题，从自学中提问题，从错误中提问题。最后，教师应当引导学生正确思考。在授课的每一环节，教师都应该给予学生一定的独立思考时间，这样学生一冒出疑问，当即就可以得到解决。比如说，在教授小学《数学》二下第一单元“有余数的除法”时，教师应该先让学生自己摆小棒，让他们有时间自我理解和思考，这样学生才有可能提出发现和疑问。学生难以表达时，教师可以引导性地提问：比较除法算式中的除数和余数，你有什么发现？

（二）引导学生整理知识，为学生提供思维提升平台

孔子说：“学而不思则罔，思而不学则殆。”如果一个人只知道学习而不善于思考，那他所学的知识也就只能是一堆材料。反之，他的知识和能力就能迅速发展。因此，在课堂教学中培养学生的思维能力，是培养学生自主学习的又一项重要任务。小学生的思维水平还处在发展阶段，且比较薄弱，教师在教学中应当适当渗透、适当引申，多让学生接触课本以外的知识，开拓认知面。

（三）重视自主学习的评价

在课堂教学中，教师还应关注自主学习的评价，给予学生自评和互评的权利，注重将自评与他评相结合，建立多元化评价体系。学生的自主评价也相当

于是一次学习的反思与总结。在评价过程中，学生回顾了知识，将学得的知识进行了巩固，这样是有利于学生发展的。下面的评价表较为简单，对学生参与数学活动的情况从三方面进行了总结。

参与数学活动情况的评价表

学生姓名：　　　　时间：　　　　活动内容：

评价内容	主要表现
参与活动	
思考问题	
与他人合作	

四、自主学习的试验

以苏教版《数学》二年级下册第二单元“时、分、秒”第一课时“认识时、分”为例。本课内容与前面并无联系，较为适合自主学习。另外，学生在实际生活中早就了解过钟面，只不过并不规范，在已知的基础上规范时、分、秒的认知，这就是本课自主学习的目标。

首先，教师以谜语导入，如下：

激趣导入

1. 猜谜：小小骏马不停蹄，日日夜夜不休息，蹄声哒哒似战鼓，提醒人们争朝夕。

2. 揭示课题：小朋友们猜对了。想看一看钟面是什么样的吗？今天我们就一起来学习“认识钟表”。

在学生知道了本课的学习内容后，教师下发自主学习单，并发放学具钟面，让学生同桌两人按照自主学习单上面的要求进行自主学习。自主学习单如下：

一、仔细观察钟面

1. 我发现钟面有以下数字：______________________

2. 钟面上有（　　）根指针，它们长得一样吗？选中后打√。（一样　不一样）

阅读书本上的内容，认识其中的两根针。

二、拨一拨

1. 请大家照着书上拨出8时。你还会拨出几时？

2. 拨一拨你手上的钟面，你有什么发现？(看格子)

提示：分针走（ ）格，秒针走（ ）圈。秒针走（ ）圈，分针走（ ）格。

以上内容大约给学生10分钟时间完成，然后同桌两人为一组进行汇报。此时，教师注意在一旁观看，并适时指正。比如：学生容易把“8时”顺口说成“8点”。这时教师就必须强调正确读法并指正。

二年级学生自主学习的能力正在慢慢培养中，这节课的试验给了我很多想法，更多的是对孩子们的期待。我个人喜欢这种教学方式，它与教学改革相辅相成。但是目前来看，学生的自主学习能力较为薄弱，还需要慢慢引导。因此，我总结出：学生才是主力军，要把课堂给孩子，我们就要培养学生的自主学习能力。

五、试验后的培养方向

纸上谈兵总是不够的，经过在二年级课堂的多次自主学习试验，我又有了新的认识。

（一）要尊重孩子，教师就要做回孩子

很多小学教师并不是缺少理论知识和教学经验，但是他们缺少对孩子的尊重。在实际工作中，并不是不打骂孩子就是尊重孩子。小学生的世界是充满童趣的，教师应该进入孩子的世界，感受童真，和小学生交朋友，让小学生带自己做回孩子。而要尊重孩子，就要培养他们的兴趣，让学生先爱上老师，再爱上课堂。孔子说：“知之者，不如好之者；好之者，不如乐之者。”学生的学习兴趣是自主学习的原动力。一方面，教师应积极地为学生创设一种情趣盎然的学习氛围，使学生受到陶冶、感染和激励，从而主动学习；另一方面，教师要给予学生充分的言论自由，当然，同时也要注意课堂纪律。

（二）课前预习，为课堂做好准备

古人云：“凡事预则立，不预则废。”课前预习已被实践证明是一种良好有效的学习习惯。课前预习可以在家里完成，但是教师必须有所指导。比如让学生了解预习的目标是什么，有哪些问题要解决，等等。一般预习不要求学生

完成书上的练习。教师可以给孩子列一个提纲。

例如：三年级上册的《年月日》

提纲：

一年有多少个月？

这些月份可以怎么分类？

你是用什么方法来分的？

教师对一、二年级学生更多的是给予引导，从三年级开始就可以让学生进行以下步骤的预习：

第一步：读。结合情境图找出已知条件，整理出需要用到的条件。然后仔细审老师提出的预习问题。

第二步：思。学生不仅要思考老师提出的问题，还要思考自己提出问题。爱因斯坦说过："学习知识，要善于思考、思考、再思考。"爱因斯坦还说过："提出一个问题比解决一个问题更重要。"但是要提出问题，就必须预习到一定深度，否则，提出的问题往往没有价值。

第三步：做。课后的练习题在预习的时候不一定要做，但是要在脑子里过一遍，有解题的思路。同时，也可以找些课外书上的题目练习一下。

（三）讨论学习，成立兴趣小组

古人说："学贵知疑，小疑则小进，大疑则大进。"学生总会提出五花八门的问题。解决问题的过程是非常重要的。合作的学习过程才是学生最喜爱的，因为他们能够一起动手、动脑，这样的学习过程充满乐趣，老师和学生都喜爱。教师可以让学生自己成立兴趣小组，这样也有利于培养团队意识。

六、总　结

课堂中真正的主力军始终是学生，教师只是辅佐。我们经常说把课堂还给孩子，但是真正做到的却少之又少，不是教师不想做，只是因为实施起来确实会有困难。但是，只要教师心中有目标，就一定会和孩子们共同成长！

参考文献

王颖楠．小学课堂管理中的问题和对策研究［D］．哈尔滨师范大学，2016.

李方然．小学教师课堂纪律管理研究［D］．杭州师范大学，2016.

（此文原载《苏州教育研究与实践》2017 年第 4 期）

静待花开

宋玲萍

走上工作岗位后，我把“静待花开”这四个字奉为自己的座右铭。一年级的小朋友正是需要悉心灌溉、静守开花的小苗，我也常常看到那些急于求成的家长、老师满面愁容，恨不得将知识倾倒入孩子的脑中。孩子毕竟是孩子，七八岁的一年级小朋友，刚刚脱离幼儿园到小学校园接受正规教育，很多行为习惯需要养成，他们的可塑性非常大，就像洛克所提出的“白板说”那样，孩子的成长完全取决于我们如何去教育他们。

首先，这个年龄段的孩子正在对所生活的世界形成一个初步的看法，他们擅长于识别物体的特点、判断物体之间的相同和不同点，能很快并很容易地掌握任何一个物体所固有的特征。但是他们对事物的重点所在还有点模糊，还不能准确进行判断，需要教师稍做指引。例如在数学课上，教师出示一幅图，要求学生说出草地上有几只灰兔子、几只白兔子。学生一开始容易说出：草地上有兔子、有草、有花……如果是刚开学不久，出现这样的问题是正常的，但是如果已经学习了近一学期的数学，再出现这样的问题就需要重视了。孩子只把看到的实物说出来，并没有在脑中进行过加工，没有经历思维过程，这样就没有达到教学目标。这时教师只需稍做引导就可以起到效果。比如，教师可以追问：你说得很完整，但是请再思考一下，老师看看你能不能抓住最重要的东西。

其次，一年级小朋友的语言表达也正处于发展时期，特别是数学语言表达尚处在起步阶段。而这一阶段又是语言能力发展的最佳时期，只要在这一时期紧紧抓住孩子的锻炼机会，肯定能达到我们预期的目标。

在数学课上，我常常有这样的感受：有一部分同学反应非常敏捷，能够第一时间举手，但是当我叫他起来回答问题时，他却总是答非所问，或者回答的是我之前提过的问题。他的思维和行动似乎不在一条水平线上，这使我很困惑。于是有经验的教师告诉我，孩子正在快速发展期，我们不能期望他做到完美，有的孩子这方面比较薄弱，但是另一方面或许会让你惊喜。事实证明，每方面都做到完美的孩子是相当少的，而且现在做不到并不代表以后做不到，孩子们都是有潜能的。我们要做的就是，给孩子时间和空间，静待花开，时间到了，便会看到让人惊艳的花朵。

于是，我适当改变了策略。孩子反应快，这一点不能被扼杀，不能因为他每次回答不到点上就剥夺他回答问题的权利。于是，看到这些孩子第一时间举起手来时，我会先说一句话：某某某的小脑袋转得真快，那你能不能再思考一下，等等其他小朋友呢？说实话，开学初期，面对这样的孩子，我是少有耐心的。作为新教师，我的教师素养还不够，看到一些孩子让我不满意的地方，我会很急躁，甚至懒得去理睬。经过认真思考以及老教师的指点，我慢慢懂得了：我是多么浅薄，如果我没有这份等待孩子的耐心，何以教会孩子专心致志地学得知识？或者说，我真正懂得了什么叫静待花开。

工作半年以来，我最大的收获便是懂得了等待。给孩子一些时间和空间，我常对家长说，孩子的可塑性非常强，只要家长和孩子共同努力，用对方法，便能够看到孩子惊人的进步。刚步入小学殿堂不久的孩子们，对于速度的训练还很少，而我们要求孩子能够又快又对地进行口算。这就需要频繁的训练。频繁，不代表一天练无数次；频繁，也要讲究方法。不少迫切的家长只知道让孩子多做、反复做，直到孩子产生厌恶心理，然后逐渐对口算进行抵制，一个月下来，其他孩子速度提升巨大，而他，却只能原地踏步。这不是孩子的错，是因为我们没有找对方法。每天适当地进行口算练习，找出适合孩子的方法，日复一日，便是成功。我教孩子的方法是：每天做 50 题，第一遍口答，计时；第二遍笔写，计时。若一段时间有所进步，就适当增加几题。时间久了，可以给孩子测试 5 分钟能做多少题。部分家长说，孩子不愿意每天都做口算题。我说，那就让他暂停一天，只要他有进步，就可以给他奖励。不要去强迫孩子做他不喜欢做的事情，孩子的兴趣是多么重要啊！孩子若是产生不了兴趣，那就是我们的责任了，我们要想尽办法让孩子爱上数学、爱上口算，让孩子坚信自己能够做到最好！我很高兴的是，很多孩子会跑来告诉我：宋老师，妈妈帮我测试 5 分钟口算，我有进步了！我能做 100 多题了！我听了无比激动——因为孩子有了自信，有了想做好的愿望。看着孩子每天进步一点点，我的心情如阳光般灿烂，我也对自己的教育事业有了更多的信心与恒心。

除了口算，练写数字也是需要坚持不懈的。我愿意花一节课、两节课教孩子如何写 0 ~ 10，有的教师可能认为数字会写就行，孩子幼儿园就会读会写了，进入小学后不用再多花时间练习了。而我则相反，我会时不时举办一次写字比赛，选出几位“写字之星”并给予奖励。从练字上便能看出哪些孩子缺乏耐心，哪些孩子学习态度不端正，哪些孩子的家长是认真负责的……很多问题都能折射出来。例如，有的孩子日字格纸 0 ～ 10 只花 5 分钟就写完了，可是老师一看，发现孩子并没有按照前面的格式书写，描也是乱描的，写的时候也没有写满日字格，或者超出了日字格。说明这些孩子只想快快完成，不愿意一笔一画地练习。对这些孩子，我就要抓住教育的机会了。有的可能是家长的原因，有的可能是孩子自身的品性使然；当然，这其中也有老师的责任。只有发现问题，才能找到方法解决。有时候，孩子的一些问题我们并不能及时发现，所以要抓住每一个细节。

静待花开，切莫等花谢了才追悔莫及。教师之路漫漫，而我愿意始终坚守，愿每朵花都散发出迷人的芬芳！

（此文原载《苏州高新区教研》2015 年第 1 期）

小学足球趣味化教学的思考

王　敏

小学生的身体发育正处于两个生长发育高峰之间的相对平稳阶段，身体各项功能正在不断分化、增强，新陈代谢旺盛，肌肉力量尚弱。小学生活泼好动，好奇心强，模仿能力较强，对新动作的示范感兴趣，但是注意力集中时间短，最长只能坚持 10 ~ 15 分钟。他们的感知能力相对较差，分不清左右，身体协调性差，节奏感不强。针对小学生的上述身心特点，教师需要运用行之有效的教学方法和手段来组织教学，让学生感受到课堂是有趣的，练习是有趣的，课堂氛围是和谐的，如果做到了这一点，相信学生一定会主动参与到足球课堂中来。

一、注重情境趣味化

针对小学生的年龄特点、认知水平，在足球教学中，教师应该合理使用情境教学，在教学中注重以情感为依托，以体验学习为途径，让学习的过程进入认知与情感和谐统一的轨道。情境选取积极、健康，寓教育于其中更理想。

在江苏省小学优秀足球课评比中，主办方特邀法国蒙彼利埃大学的丹尼尔教授演绎了一场生动的游戏化足球教学——足球控球与游戏，短短 40 分钟的法式足球教学课，分别呈现了“穿越从林”“老鹰与小鸡”“恐龙”这三个情境，让学生感觉身临其境。小学生有着强烈的好奇心和求知欲，教师把课堂创设成学生喜闻乐见的场景，一个参与练习的乐园，充分给予他们探索和创新的空间，让他们动手、动脑、动情，提升活跃性，有助于激发他们的学习兴趣和创新能力，促进学生核心素养的发展。

邓峰老师则通过不同音乐的带领与变换，引导学生进入“学样子”“照镜子”“足球操”等情境，将足球拟人化，要求学生找到朋友带“球宝宝”学本领，以此来体验抛、接地滚球的练习，激发学生的兴趣，使学生融入课堂，让学生在“境中学、境中玩、境中乐”。

二、注重教学内容的趣味化

小学足球教学必须在内容选材上下功夫，而不是一味地照搬教材。教师要在健康和安全的基础上，尽量选择新颖、趣味强、对抗竞争、有现实意义的内容。在课堂练习中，要让学生能够体验到运动的快乐，进入在玩中学、在学中玩的境界。尽量难易结合，教学手段可以采取分层教学、循序渐进的模式，尽量使每位学生都能享受到成功的乐趣，从而培养学生的自信心，激发学生的兴趣，形成主动学习的学习状态。

要使学生学得有趣，教师就要在教上下功夫。一般情况下，只要课中出现新的内容，大部分学生都会注意力集中，精神高涨，态度积极，教师可以利用这种心理有效激发学生的学习兴趣，运用各种诱导手段、辅助练习，通过变化环境条件、改变练习难度和要求等手段，培养学生的学习兴趣。新颖丰富的教材内容和生动活泼的教学方法，会使学生情绪饱满、兴趣浓厚，从而达到预设的教学效果。

在江苏省小学优秀足球课评比中，丹尼尔教授自己扮演成“老鹰”，继而让学生分开站在场地的一端，然后从这一端跑向另一端，被“老鹰”抓到的学生即为“老鹰”。这样的游戏不仅让学生学到了无球摆脱的技术动作，也训练了学生的体能。整个游戏从无球到有球，逐渐增加难度，而后学生需要用球摆脱“老鹰”的抓捕。这是非常具有实战意义的内容创新，学生一点不会觉得枯燥，反而会乐在其中，快乐参与。丹尼尔教授在教学中遵循 STEP 教学原则，通过空间、器材、距离、次数的变化，以由简至繁、由易到难的教学顺序让孩子在主动中学习、在练习中发展。这种探究创新的教学内容，让人眼前一亮。只有让学生在课堂中活起来，才能使他们充满渴求知识的激情，才能思维活跃，勇于探索。从这一点来说，培养学生的创新精神和创新能力，应成为课堂上师生互动的教学目标。

三、注重氛围的趣味化

在教学过程中，教师通过情感投入把学生带入课堂练习，师生共同参与课堂，达到和谐发展的效应。良好的师生关系有助于形成和谐的课堂氛围，使学生的大脑皮层建立起适中的兴奋状态，便于接受新知识，掌握新动作，并在此基础上进行创造性的学习、锻炼。

在江苏省小学优秀足球课评比中，丹尼尔教授在课刚刚开始便与学生进行了“亲密”的接触——他席地而坐，平易近人，与学生谈笑风生。这样一来，学生非常放松，上起课来也就更加有效率了。“亲切不失活力，自然而又大气”的邓峰老师，活泼、幽默、亲切、随和的个性和欢快、轻松、高效的课堂氛围，让在场师生感受着这场足球教学带来的视觉盛宴。课结束后，孩子们围着邓老师依依不舍，不停地问：下次什么时候能一起上课呀？这样的场景正是一线教师的追求。所谓“亲其师”才会“信其道”，只有在互相理解、相互尊重的基础上，教师和学生才能进行良性的情感交流，从而创造出自由宽松的民主氛围，学生也才能学得更轻松、更主动。

四、注重讲解的趣味化

小学生的语言能力有限，这就要求教师的讲解要有针对性，即根据学生的年龄、认知能力进行讲解。专业术语的使用不能太专业，要通俗易懂，符合小学生的语言特点及接受能力。教师讲解准备要充分，要认真分析足球的技术动作，将技术语言通过认真分析变成小学生能够理解的语言。讲解时要强调重点和关键，讲解重点和难点时要加以提示或停顿，示意学生注意。教师要尽量把足球的技术要领变成朗朗上口的短语、口诀及顺口溜，这样不仅可以使教学语言变得简单明了，学生容易接受，而且也便于学生一边练习一边复述，记住技术要领，从而达到要领与技术的有效结合。

在江苏省小学优秀足球课评比中，邓峰老师在接受江苏学校体育网采访时说道：如果简单地讲解抛球接球，学生会觉得没有兴趣，或者不能理解。运用蜘蛛侠、八爪鱼等贴合实际的形象讲解，使学生联想到接地滚球必须把球粘在手上，守门员就是要把球接住，从而给学生灌输把球“吸住”这种思想。注意语言的儿童化。对于动作的要领，如果只用简单的动作方法示范和讲解，学生会觉得比较抽象。而运用简单的儿童语言则可以让学生在头脑中形成很清晰的动作画面，从而为他下一步的学习奠定基础。这样不仅可以把学习的激情调动起来，而且增加了教学的趣味性，对教师完成教学任务起到了很好的作用。同时，教师要注意语言技巧的运用，如语速适当、语音清晰、语言简练、生动有趣、语调亲切、抑扬动听、音量适中、富有变化等。

邓峰老师巧用口诀“大象鼻子垂到地，碰到足球卷起来”，生动形象地描述了接地滚球的动作。陆元元老师自编踩球口诀“前脚掌，轻轻踩，球宝宝，正上方”进行有效踩球教学，让孩子们对本节课的技术动作练习有了初步的理解和体验。王万莉老师则有充满爱心的练球口诀："小脚背，轻轻推，球宝宝，中后方，一步一推，紧紧跟。"对小学生而言，这些口诀的运用不仅增强了课堂教学的趣味性，提高了学生练习的积极性，而且对于动作技术的掌握起了非常重要的作用。教师口诀的编排最好能押韵、有趣、易记，口诀的提炼要遵循多样性、灵活性和可行性原则，必须是技术要领高度浓缩的精华，要求既能激发兴趣，又能促进动作的掌握。不必苛求口诀多么严谨，只要它对学习知识有帮助，只要它不会让学生对知识的理解出现歧义即可。

五、注重音乐使用的趣味化

在音乐伴奏下进行教学，能给学生一种轻松、愉快的感觉。在足球教学中，教师也经常借助音乐来活跃课堂气氛，吸引学生参与练习。要求音乐选取要恰当，这样才能使教学更有趣，更充满激情。音乐节奏感很强，孩子们载歌载舞，也会为我们的课堂增添色彩。

在江苏省小学优秀足球课评比中，邓峰老师所用的音乐，孩子们耳熟能详：有校园足球啦啦操音乐，使学生产生更大的亲切感；有西班牙的斗牛舞曲，启发孩子们在足球场上要像斗牛士一样去战斗；结束部分通过比较舒缓的音乐使学生得到放松。整节课下来孩子们的学习兴趣高涨。

杨欢老师则采用多种音乐元素来辅助教学，让学生拥有听觉上的享受，使枯燥的练习不再枯燥。

在体育课上，动感的音乐可以激发学生运动的激情，学生会情不自禁跟着音乐运动起来。以音乐贯穿课堂始终，通过音乐节奏的变化来刺激学生运球时的节奏变化，通过音乐使得本身枯燥乏味的练习充满生机和活力，这样不仅可以增强学生的学习兴趣，也提高了学生的学习效率。

六、小学足球趣味化教学的建议

针对小学生的身心特点，在足球教学中，教师还应该注意示范的准确和多样，并注意生本资源的利用及道德品质的培养等。

1. 示范准确，形式多样

小学生的认知是一个模仿的过程，这个年龄段的学生特别喜欢直观法，对技术动作进行形象模仿，因此，教师的示范作用十分重要。教师在示范过程中，应该采用多样化，包括正面、背面和镜面相结合的示范方法，让学生更清楚地看到自己的动作，从而进一步提高模仿能力。观察和模仿是学生在体育课堂中学习的最基本途径，在课堂教学中，学生观察到的最形象生动的目标，就是体育教师一次次的动作示范。

在江苏省小学优秀足球课评比中，很多参赛教师的基本功非常棒。圣帅敏、申倍倍、孙靓、花超、蒋宇龙老师均为国家足球一级运动员，周佳老师为健将级足球运动员，而且几位女教师均为原江苏省女足运动员。他们基本功扎实，技术炉火纯青，是同学们的偶像，这也增强了学生练习的动力。正确、规范、优美的示范动作，可以帮助小学生建立正确的动作概念，突出重点。在教学中，教师要注意示范动作的目的性，示范的位置和距离要便于小学生观察，示范动作的速度和节奏要适当，这样才便于小学生模仿、学习。

2. 生本资源，有效利用

现代教育理论认为：学生本身就是一种资源，而且是一种重要的教学资源，这种资源不妨称为“生本资源”。它指的是学生之间的交流及由交流而产生的思想、情感、知识的互享、互动。“生本资源”存在于每一个学生身上，通过开发利用能够产生深刻的影响力和积极的教育作用。

所谓足球运动的学习，是指在教师的引导和帮助下，学生积极主动地学和练，实现学会、会学、会用这三个目标，为终身体育打下基础。教师在足球教学中通过组织练习、游戏、比赛、竞技等活动，为小学生创造充分展示自己的舞台，使其在课堂上以设计者、管理者、组织者、表演者等身份来掌控课堂，从而更好地参与学和练。

3. 育人功能，立足长远

足球运动的学习和练习可以提高学生的团队合作、沟通和交流等能力，培养积极进取、顽强拼搏、遵纪守规等良好的品格。教师可以利用分组竞赛和游戏的形式，让小学生体会到什么是团体，什么是个人，以及赢与输的感受，提高其抗挫能力，促进学生心理成长，感受体育精神的强大。小学生在锻炼中能感受到体育锻炼带来的乐趣，慢慢地体育锻炼就会成为他们生活中不可缺少的一部分，并内化为自觉行为，这显然有利于培养和形成终身体育意识。培养终身体育意识并不是简单的说教，而是一系列潜移默化的渗透，目的是让学生真正喜欢上运动，真正体会到体育锻炼带给他们的好处。

由此可见，足球教学中兴趣的培养对小学生的学和练有非常重要的意义。小学体育教学对每个学生未来的体育发展，甚至该学生身体素质的提高至关重要。这就要求我们一线体育教师必须提高素质，全面发展，不仅要了解小学生的心理和生理特点，而且要在足球教学的内容、方法及手段上下功夫，创建新颖的游戏情景，让小学生在娱乐和游戏中学习新的足球知识和技巧。除此之外，教师还必须根据不同学校或学生个体，做出灵活的调整和改动，而不是照搬书本、课标来组织教学。

例谈创意续写

吴赞恩

一、例 文

《此地无银三百两》续

——银子何时再被偷

第二日，正当王二喜滋滋地想着怎么花那三百两银子时，张三怒气冲冲地拿着那张“隔壁王二没有偷”的贼证来找他。两人见面免不了一番舌战，最后理亏的王二只得认账，张三也没得理不饶人，收回银子也就罢了。

可是，最近村上贼偷的事时有发生，这三百两银子仍是一只烫山芋。俗话说，吃一堑，长一智。张三静下心来，仔细地想了半天，木鱼脑袋总算开了窍，他灵光一闪，闪出一条妙计。

当天晚上，他又在老地方挖了个坑，埋上土，盖好，竖起“此地无银三百两”的牌子。所不同的是，他巧妙地做了一个记号，只要有人动过，必被他看出。至于那三百两银子，他睡觉的时候用布袋绑在了身上。

第二天一大早，一夜没睡好的张三就来到坑边，他发现坑被人动过了。他诡异地笑了笑。当天傍晚，他又挖了一回埋了一回。第二天发现坑又被人动过了，他同样笑了笑。傍晚，他又挖了一回埋了一回。一连四天，他做着同样的事情，直到第五天，他才确定坑没被动过。

第六天，他挖好坑后，把牌子上的“三”改成了“四”。第七天早上，他发现牌子又有人动过了。当晚，他又把“四”改成了“五”……直到牌子上的数字变成“九”，他发现坑再也没被人动过。

接下来，相信你也猜到了，他又把三百两银子埋了下去。果然，好长一段时间，银子没丢。

自然，所有上过他当的人和听说过他埋银子的事的人不会再去翻他那个坑了。但张三真的能高枕无忧吗？猜猜看，照此下去，张三的银子什么时候会再丢？

这是笔者续写的一篇想象作文，内容来自古老的寓言故事《此地无银三百两》，以作讨论材料。

二、分 析

（一）紧抓原文话头，题目出新

显然，原文话头是“三百两银子”，是故事寓意的材料载体，也是留在读者记忆中最突出的文字信息，由此入题，起到了勾起读者对以往阅读信息的再显现作用，是“熟悉化”处理，接着的“何时再被偷”，则达到了引起阅读兴趣、设置阅读悬念的效果，是“陌生化”处理。这就是清代文学家刘熙载所说的“高出一头，深入一境”。（《艺概·文概》）我们老师要有培养学生“语不惊人死不休”的勇气，通过给续文取题的训练，一方面可让学生关注文题，另一方面则可加强学生写作取题时的创新意识。因为对某些学生而言，写作文不是一种自觉行为，它是一种外加的被动行为，通过他曾经感兴趣的故事的标题来训练他的取题能力，不失为一种有效的做法。譬如，给《皇帝的新装》续写取题，可让学生思考“到底该给皇帝穿一件什么衣服呢”这样的问题；给《卖火柴的小女孩》续写取题，可让学生思考“小女孩的天堂在哪里”之类的问题。

根据2011版《语文课程标准》的要求，学生写作文须达到“有兴趣写—乐于写—懂得写是为了表达和交流”三个层次。其实，除此之外，还要加一条——要写得让人喜欢看。而一个新颖的作文题目就能起到不小的效果。一般来说，学生对一些平铺直叙型的题目如“童年趣事”“我的老师”“难忘的一课”等很拿手，而对于一些情调寓意型或者哲学智慧型的题目如“花儿笑了”“前与后”等则比较难把握。如果有了例子，在此基础上去拓展挖掘，思维也就有了方向。所谓“有一个好的标题，文章就成功了一半”。

（二）联系原文内容，开头出新

上面例文的开头似乎有突兀之感，但细一揣测就会发现：第一，它摆脱了一般作文开头的定律，交代了时间——第二日，但这时间不确切，似有若无，正符合寓言的特点，让人的思维活跃起来：这到底是指何时？原来是指《此地无银三百两》中的时间，勾起了读者把旧知和新文的内在联系起来的阅读兴趣。第二，在交代人物等要素时，对原故事进行了巧妙简短的复述。如果说，读者光看时间还是云里雾里时，看了下面几句，便心中有数了。一般学生写续文有个毛病，就是复述原文内容过多，导致整篇文章头重脚轻，毫无生趣。上文短短一句，而且只用“隔壁王二没有偷”几字就唤醒了读者的旧知，增强了阅读兴趣，整个阅读感官被调动了起来。第三，欲言又止，设置悬念，欲扬先抑。当读者准备看看张三和王二如何“一番舌战”时，作者却草草收场，告诉读者“收回银子，也就罢了”，似乎让读者的阅读期待一下散了。同时却又留下了一个更大的期待，那就是不讲他们如何争吵，那讲什么呢？显然，作者要讲的故事不在此而在彼，这个开头是成功的，不落俗套的。

我们在指导小学生写作文开头时，往往会去框死他们的思维。譬如：记叙文开头要交代三要素：时间、地点、人物。当然，即使如此，也无可厚非，因为这是“惯例”。那如何交代这三要素总可以变变吧？记叙文是个大概念，像上文，是寓言，也是记叙文吧。还有其他文体，也是同样的交代法吗？显然不是。

再有，写人的文章，老师们往往要求学生先写其外貌，再通过一两件事反映他的性格特点或者优秀品质。而学生为了达到这个要求，往往千篇一律，开头就是“我的妈妈长着……”接着就是“有一次……”“还有一次……”至于如何安排人物出场，则要根据作者构思好的人物性格和下文的情节设置而定。有时，外貌可以忽略不写或者在后文交代。上文中，张三和王二都是寓言中的人物，寓言的特点是通过故事告诉人们一个道理，此寓言无须刻画人物外貌就能达到目的，所以笔者没去写他们长什么样。写什么样的人，设计什么样的开头，要具体情况具体分析，比如，写张飞可以先写他的声音，写嫦娥可以先写她的体态，写毛主席可以先写他的《沁园春·雪》，总之要因人而异，才能新意不断。

（三）扬弃原文思路，情节出新

还是上文，在原故事中，张三的“此地无银三百两”之举可谓笨到了极点，可是在本文中，笔者却说他“木鱼脑袋总算开了窍，灵光一闪，闪出一条妙计”。是笔者故弄玄虚呢还是另有巧妙安排？无论怎样，这个展开是有吸引力的，张三到底长了什么智？他的妙计又是什么？容不得读者不读下去。开头的“抑”成就了此时的“扬”。人在接受文字信息时有个特点，就是识别感官受刺激的程度越深，接受的效果就越好。读者只有在受了“折腾”之后才会对所读文字有更深的印象。

上文中，接下来的情节推进就像一个吸盘，把读者的眼球牢牢吸住了。张三埋来埋去到底要干什么？而且牌子上的数字由“三”不断变成“四”“五”“六”……直到“九”又是为什么？一个好故事，不仅开头要有悬念，中间更要有悬念，否则读者就会“半途而废”。张三看似重复的举动，推进着情节的发展。细心的读者会发现，每一个重复中又有所不同，第一天张三“竖起了‘此地无银三百两’的牌子……巧妙地做了个记号”，第二天他“发现坑被人动过了，诡异地笑了笑”，到了第六天，他把“三”改成了“四”……原来他的目的是不但要人相信“三百两”的牌子下无银子，就算是“九百两”的牌子下也无银子，也就是说在任何情况下都没有银子，这样就可以达到他“真的埋银子也不会有人偷”的目的了。结果埋下去以后还真的是没人偷，张三表面上取得了成功。

（四）不离原文要旨，结尾出新

例文中，笔者设计了一个开放性的结尾，对学生而言，这本身就有了一定的新意，因为这种结尾不是他们平时训练的大包大圆的结尾。那么这个结尾的新意体现在哪儿呢？首先，它不是一般的开放式结尾，如有的结尾写道：……她远去的背影似乎让他想到了什么；……看着小孩这样的举动，作为大人的我们又该如何做呢？……相信他们的明天会更好；等等。这些开放式的结尾能引起人们的联想，却不能引起人们的反省。例文中笔者在结尾处不是真的要读者去想银子什么时候会被偷，而是让读者去反思自己：你想到过改变一下自己重复做的事的方式吗？你想到过自己一直认为确定的事真的确定吗？你又是否想到过，自己的思维方式对事物的判断真的能做到客观准确吗？第二，巧妙地呼应开头，开头说张三“吃一堑长一智”，他真的做到了吗？他一系列的“聪明举动”，其实只是换一种方式做愚蠢的事，难道那三百两银子只有“埋起来”这一种方法可以保住吗？完全不是！结尾的一问，把张三这个人打回了原形——一个真正笨的人是不会“吃一堑长一智”的。

浅析小学民族音乐教育的现状与发展

——以苏州高新区秦馀小学校为例

夏露露

在中国，学生的艺术教育正得到越来越多学校的重视，可是，不管是学习民族乐器的学生的数量，还是民族乐器的演奏种类，都不容乐观。

那么，我们就得思考：社会、家庭如何看待民乐的教育问题？学校的艺术教育是否有失单一化？针对小学民族音乐教育的现状与意义，本文将以苏州高新区秦馀小学校为例进行阐述。

一、小学民族音乐教育的现状

1. 学校教育

1993 年 2 月，党中央、国务院颁布的《中国教育改革和发展纲要》指出：中小学要由应试教育转变为全面提高国民素质教育[1]。众所周知，小学的一个民乐队需要的乐器种类较多，要想乐队编制齐全，音响效果丰富，学校不得不投入较多的经费；而且，从实际状况来看，并不是学校的每个学生都有“一技之长”。我校自建校以来，目前共有 437 个学生，由于部分家庭文化背景较弱，孩子接触到的教育资源相对匮乏，乐手的多样性和乐器品种的丰富性也就不够理想。此外，我校的音乐师资力量相对较薄弱，目前我校的两名专业音乐教师中民乐教师仅一名，所以民乐队的组建比较困难。从问卷调查的数据来看，我校民乐教育资源很匮乏，民族音乐的教育任重而道远。

2. 家庭教育

我校艺术课的重要性被很多家长忽视了，不少家长认为副科投入再多的学习也没什么用处，因而忽视了艺术课程对陶冶孩子艺术审美情操的作用，由此导致艺术教育工作在某些方面难以延伸开展。在笔者看来，学校、教师、家长

---

〔1〕 陈瑱璇．上海市中小学校外民族器乐教育的调查研究［R］．上海师范大学，2014.

三者之间的沟通与合作是相辅相成的。首先，艺术学习能够增强一个人的气质、想象力、理解能力以及交流和表达能力，从而全方位地提升一个人的修养，其对学生身心成长的重要性需要通过学校向家长进行有效的传递；其次，针对儿童的心理特点，家长必须做好学习器乐的前期准备，以孩子的兴趣为基础，加强其艺术知识的积累，只有这样才能有利于促进学校艺术教育工作的推进。

3. 社会环境

民乐队的组建需要家长的支持、学校的引导，更需要社会的帮助。然而，在当今全球化大潮的影响下，西方文化强劲来袭，中国民族乐器的传承产生了一种危机感。在中国的音乐艺术教育市场上，很多艺术培训机构中的器乐授课多以钢琴占据主导。据问卷统计，目前，民族乐器课程中接受理论知识传授的学生仅占总数的6.64%。我校学生学习民族乐器的类目也相对单一化，而且局限于音乐弹奏层面，对音乐缺乏深刻的理解。学校的民族音乐教育也有所偏失，虽然重视了主流教育，却未能细化本民族音乐的教育。

二、加强民族音乐教育的途径

1. 调整传统教学方式，适应现实音乐教育

在传统音乐教学中，教师更关注音乐知识技能的传递，针对此，笔者认为，不如将理论教学减轻，转而重视学生音乐兴趣爱好方面的培养。在实际教学中，教师可以根据小学生的认知规律，将民族音乐文化渗透到学校生活中，让学生自己捕捉民族音乐文化的魅力，从而加深其印象。我校在首届艺术节中就让学生大显身手了一番——利用身边的废旧物品自制小乐器，这项活动不仅提高了学生接触民族音乐文化的兴趣，还增加了学生对民族音乐文化的了解。

2. 设置与民族音乐教学认知相适应的课程

学校要重视音乐课程的辅导价值和审美价值，重视音乐教育在提高学生的潜能和创造力等方面的独特作用。比如，可定期专门开设民族音乐欣赏课，从身心审美角度提高学生对民族音乐文化的认知度；也可利用社团课程引导学生了解更多的民族相关乐器知识；学校有条件的话，还可以配备适量的专职民乐教师定期给学生授课。我校由于建校时间短，社团课程设置还有待完善。

苏州高新区秦馀小学校首届艺术节自制小乐器展

3. 重视民族音乐教育与其他学科门类教育的交流

在民族音乐的教育过程中应当重视与其他学科门类知识的交流，以增强学生的学习兴趣，努力培养学生对民族音乐的热爱之情。我校在校园文化建设上非常重视中国民族音乐文化的渗透，比如周期性地挑选优秀学生在学校的大厅里演奏古筝，不仅增添了校园文化的人文气息，还有助于学生深切感受到民族音乐的魅力。相信经过长时间的民族音乐渗透，学生会有自己的理解，从而发展自己的民族音乐认知。

三、民族音乐教育的重要意义

俄国著名民族音乐家里姆斯基·科萨科夫说过："没有民族性的音乐是不存在的。实际上，一般认为是全人类的音乐都是具有民族性的。"由此可见，发展民族音乐教育，提高民族音乐素养非常重要，它的作用可以说是独一无二的。民族音乐是一个国家的灵魂，加强民族音乐教育，不仅有利于满足素质教育时代精神文化的需求，促进音乐教育的发展，也有利于我们更加自觉主动地推动全民族人文素养的提高。民族音乐教育对于丰富学生的精神生活、提高学生的综合素质、促进学生的全面发展、形成良好的社会风尚，具有不可替代的作用。当今时代，先进文化和民族音乐相互交融，民族音乐教育与现代教学多媒体紧密结合，日益成为推动素质教育的强大动力。让优秀的民族音乐走进校园生活有利于增进全体师生的民族意识和爱国主义情操，良好的民族音乐教育环境有助于使全社会感受到中国民族音乐丰富的内涵，从而提升民族音乐文化氛围的品位，最终使民族音乐教育感化国人，我们优良的民族音乐文化由此而得以传承与创新，并迸发出更强的生命力。所以，在小学音乐教育中加强民族音乐教育意义非凡、责任重大。

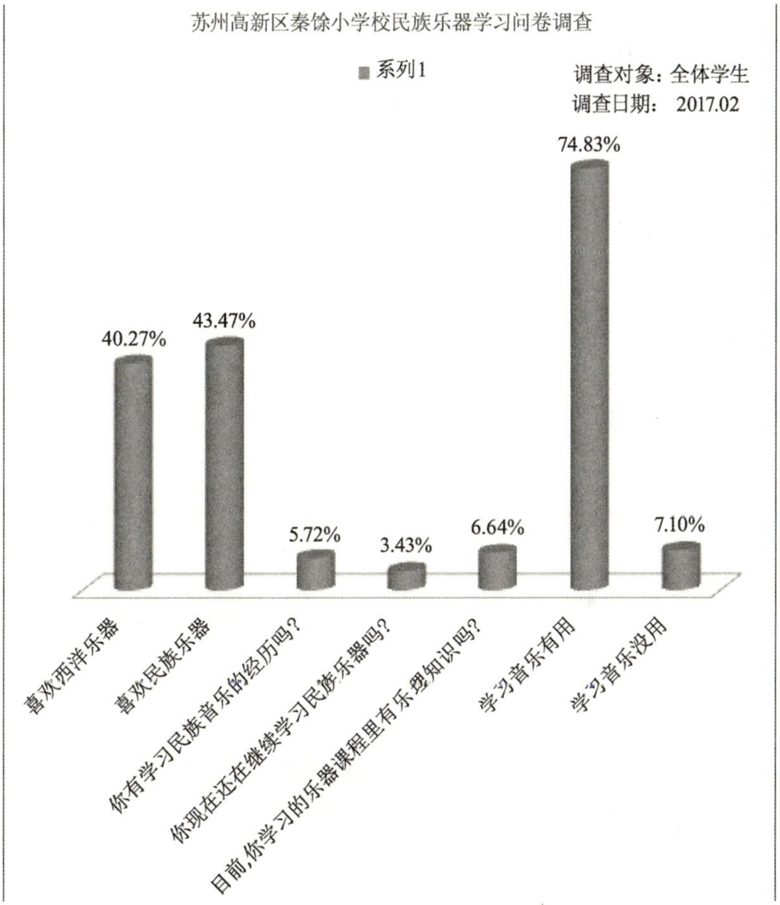

四、结　语

鲁迅先生说过：“只有民族的，才是世界的。”笔者认为，家校之间的联合有助于促进学生民族音乐能力的形成，也有助于民族音乐的传承。当然，民族音乐的地域性差异尚有极大的探索空间。

参考文献

罗杰．重视民族本位——中国音乐教育之我见［J］．中国音乐，2000（1）．

黄颖．浅谈中小学民族音乐教育课程资源的开发和利用［J］．文艺生活：文海艺苑，2012（10）．

论如何在阅读教学中培养学生口语交际的能力

徐兰兰

《语文课程标准》指出："学生口语交际能力的培养要贯穿于语文教学的每个环节之中。"那么在语文阅读教学中如何渗透口语交际，培养学生口语交际的能力呢？通过摸索、学习，笔者找到了几种方法。

一、看图说话

在苏教版小学语文教材中，特别是低年级语文教材中，每篇阅读课文都有精美的插图。这些插图很好地呈现了课文内容。教学中，教师利用好课文插图，让学生看图说话，不仅能帮助学生理解课文内容，还能训练学生的表达和倾听能力，提高学生的口语交际能力。如在教授苏教版小学语文一上《人有两个宝》时，教师让学生同桌之间互相交流：小朋友们用手在做什么？在教授苏教版小学语文一上《秋姑娘的信》时，教师让孩子看图说说"你看到了哪些小动物？他们分别在做什么？"等等。图画对于孩子来说更直观形象，而在将图画转换成语言的过程中，孩子的语言组织和表达能力也会不断提高。

二、一问一答

《语文课程标准》指出："口语交际是听与说双方的互动过程。"教师教学中可以通过一问一答的方式来训练学生听与说的能力，可以是师生之间一问一答，也可以是学生之间一问一答。如在教学苏教版小学语文一下《吃水不忘挖井人》这篇课文第一自然段时，教师可以问学生："这个故事发生在什么时候？什么地方？讲的是谁的故事？"在导入环节出示水井图，引导不认识水井的学生怎样去问、去请教别人，知道的小朋友又如何回答。有学生这样问："我想知道这是什么？"还有学生这样问："请问这是什么？"后者较前者更有礼貌。其他孩子回答："这是水井。"在这样的"一问一答"中，学生的口语交际能力得到了训练，学会了"问"的学问。

三、复述课文

在苏教版语文教材中有部分课文要求学生学完后能复述课文，但有一部分学生在学完课文后并不能将课文内容复述下来，有些甚至连主要内容的简单复述都不能说做到，这就是口语交际能力缺失的表现。在阅读教学中，教师要把握教材特点，教给学生一些复述方法，引导学生将学过的课文复述下来，这是训练学生口语交际能力的一个很有效的方法。在复述课文的过程中，学生的逻辑思维能力、组织运用语言能力、口语表达能力都得到了训练。如在教学苏教版小学语文四上《九色鹿》时，教师可以让学生概述“这篇课文主要讲了一个什么故事”，还可以让学生绘声绘色地讲讲这个故事。这个要求对于四年级学生来说有一定的难度，教师可以给学生一个提纲或者一些关键语句，让学生“跳一跳就能摘到桃子”。教学中教师要面向全体学生，让每个学生都有开口说的机会，这样学生的口语交际能力就会得到很大的提高。

四、想象说话

丰富和具有感染力的语言表达是因为有了丰富的想象力，换句话说，丰富的想象力能让我们的语言更丰富、更具有感染力。在语文阅读教学中，教师要充分挖掘教材，为学生创设想象说话的机会，训练学生的口语交际能力。如在教学苏教版小学语文一下《陈毅探母》时，教师抓住关键词“细心地询问”“谈家常”，让学生展开想象：“陈毅元帅怎样细心地询问病情?”“陈毅元帅和母亲谈什么家常呢?”在学生想象说话时，教师充当“母亲”的角色，与学生展开对话，学生对这样的教学环节觉得很新鲜，在想象说话时，他不仅是以学生的身份参与其中，还是课文中陈毅元帅的角色，这种新鲜的“角色”让学生更有表现欲，从而提高学生的口语交际能力。

五、续编课文

很多人喜欢看电影，而且发现不少电影的结尾都会留下一个悬念，给观众留下很大的想象空间。语文教材中有很多课文也是这样，结尾给读者留下了很大的想象空间。教师在教这类课文时要充分调动学生的学习积极性，激发学生的想象力，让学生续编课文，通过这样的方式来训练和提高学生的口语交际能力。如在教学苏教版小学语文二上《乌鸦和狐狸》时，教师可引导学生续编故事：狐狸将肉叼走后，乌鸦会怎么做呢？再如在教学苏教版小学语文一上《蘑菇该奖给谁》这篇课文时，在结尾可以这样引导学生续编故事：有一天，兔妈妈又出门采蘑菇，这次小黑兔会怎么做呢？薛法根老师在教学苏教版小学语文二下的《猴子种果树》时，在结尾让学生这样续编故事：正当猴子伤心时，一只（　　　），对猴子说："猴哥猴哥，有句农谚叫'樱桃好吃树难栽'。"猴子一听心想：（　　　）。

六、置换角色

学生进行口语交际练习时是以双重身份参与的，一是"学生"的角色；二是他的交际角色，即在特定的交际情境中所扮演的那个角色。因此，教师在教学实践中要转变学生的学习方式，置换学生的角色，从不同的角度丰富学生所扮演角色的内容。如在教学《秦兵马俑》《黄山奇松》等有关名胜古迹和著名风景区的课文时，可以让学生扮演"导游"的角色，学点"讲"的学问；学完《狐狸和乌鸦》一文后，可以举办模拟法庭，以乌鸦为原告起诉狐狸骗肉，让一名学生扮演"小法官"，将其他学生分成两组，分别当原告乌鸦和被告（狐狸）的律师，围绕"骗肉"展开一场辩护，让学生学点"辩"的学问。

七、评析人物

小学语文教材中有大量的故事，如寓言故事、童话故事、人物故事等，这些故事中的人物都有其自身的人物形象与特点。在学完这类课文后，让学生评析故事中的人物，也是培养学生口语交际能力的一个有效途径。如在学习《争论的故事》这篇文章时，可以让学生评析故事中的兄弟俩和评理的老人。再如学习《林冲棒打洪教头》一文时，可让学生评析林冲和洪教头的人物形象，从而训练学生的思维能力，提高学生的口语交际能力。

与人交往，离不开口语交际。口语交际能力是现代社会中一项非常重要的能力，也是小学生的必备技能之一。语文教师要有"意识"地培养学生的口语交际能力，不仅在专题训练中培养，更要将口语交际训练贯穿整个教学环节。

一切为了运用语言

——薛法根老师《第八次》教学赏析

徐兰兰

薛法根老师说："语文教学旨在培养学生以听、说、读、写能力为核心的语文素养，而听、说、读、写能力必然是在相应的听、说、读、写实践活动中逐渐形成的。"那么，在阅读教学中如何设计相应的听、说、读、写实践活动呢？薛法根老师执教的苏教版《语文》三年级上册的《第八次》给了我一些启示。

一、听故事

【教学片段】

师：同学们，耳朵是用来做什么的？

生：听。

师：仔细听老师讲故事。

（师讲故事：一只蜘蛛正在结网……生都全神贯注地听。）

故事讲完后：

师：这个故事讲了什么？谁做了什么？

生：这个故事讲了蜘蛛结网。

师：现在老师再讲一遍故事，仔细听，听完告诉我你听到了哪些词。

（师再次讲故事，学生认真听。）

师：蜘蛛怎样结网的？你听到哪些词？印象深刻的。

生：丝断了，网破了。

生：重新。

生：并不灰心。

生：从头干起。

……

（生回答完，教师出示词语，指名读词语再齐读。）

丝断了　　　　网破了　　　　并不灰心

重新扯起　　　再次结网　　　从头干起

结了断　　　　断了结

【教学细节赏析】

上课伊始，薛老师开门见山地进入讲故事环节，通过问题“耳朵是用来做什么的”来暗示学生认真听讲，这轻松的一问一答，就让学生自觉地认真听，课堂气氛也很轻松，比我们平时说“上课要认真听讲”这样的话语效果好多了。这样的问答学生易于接受，也不会有抵触心理，有利于让学生自发地学习，真正把学生当作学习的主体。

以上听故事与读词语教学实践活动，既训练学生听的能力，帮助学生积累词语，也是为讲故事做铺垫。如果说故事是美丽的项链，那么那些词语就是串起故事这根项链的线。听故事与读词语是为了让学生将这些词语内化，变成自己的语言，学会讲故事。

课堂上，教师讲了两遍故事，学生听的要求不同。第一遍要求学生听明白故事讲了什么。薛老师问题提得非常精准，不多一个字也不少一个字：“谁做了什么？”学生一下子就说出来了。这样的提问大大提高了学生的语言概括能力和表达能力。第二遍要求学生记住印象深刻的词语。由第一遍的概括到第二遍的具体，这样的教学安排叫人不禁拍手叫好。

二、讲故事

【教学片段】

师根据屏幕上的关键词语再次讲故事。生听老师怎样讲故事。师讲完故事出示：

忽然……就这样……可……

师：这三个词把这个故事串起来了，用上这些词你也来讲讲《蜘蛛结网》这个故事。

（学生练讲故事，指名讲。）

……

师：今天我们学的课文叫《第八次》，讲的是谁的故事？

生：布鲁斯王子。

师：讲的布鲁斯王子的什么故事？翻开课本自由读课文。

（生自由读课文。读后指名说。）

生：讲的是布鲁斯王子打仗的故事。

生：讲的是布鲁斯王子抗击外国侵略者的故事。

……

出示词语：

第一组：抗击侵略　　打仗受伤　　几乎失去信心　　磨坊

第二组：四处奔走　　招集军队　　动员人民　　抵抗成功

（分组出示词语，读词语，理解“几乎”“磨坊”）

师：这个故事讲的是布鲁斯抵抗侵略的故事，比较一下，两个故事有什么共同点？

生：布鲁斯和蜘蛛都失败了七次。

生：他们第八次都成功了。

生：他们都不灰心。

……

师：你能不能用上这些词语，学着《蜘蛛结网》的故事讲一讲《布鲁斯王子抵抗侵略》的故事？

（生练习讲故事，指名讲。）

【教学细节赏析】

以上教学环节主要训练学生讲故事的能力，分别讲了《蜘蛛结网》和《布鲁斯王子抵侵略》的故事。俄国教育家乌申斯基说：“比较是一切理解和思维的基础，我们正是通过比较来了解世界上的一切的。”此环节薛老师先让学生对两个故事进行比较，在比较中学生找出了两个故事的共同点，在比较中学生发现了语言规律，在比较中学生受到了人物品质的熏陶。比较完后再让学生讲故事，这样难度就小很多，故事形式和《蜘蛛结网》一样，有了前面讲《蜘蛛结网》的故事作铺垫，再讲《布鲁斯王子抵抗侵略》的故事就水到渠成了。而这个故事同《蜘蛛结网》的故事如出一辙，学生很自然地想到谁做什么，一下子便概括出来了。整个教学环节清简高效，训练有方法、有梯度，给学生搭好平台，学生在听故事中不知不觉地学会了讲故事。就连平时不会讲故事的学生都尝到了成功的喜悦，更别说那些擅长讲故事的了。这样的教学设计收到了良好的效果，让人不禁感叹：原来讲故事这么容易啊！

讲故事环节不仅仅只是讲故事，还穿插词语朗读和理解，还有讲故事的方法指导。识字一向是语文教学的基础，辨字析词是语文教师的看家本领。在学生读完后，薛老师出示了此段课文中的关键词语，并进行理解辨析。如：“几乎”一词是什么意思？是不是“全部”？只有理解了“几乎”，才明白布鲁斯的不灰心，才有了后来的第八次抵抗。另外，此处的读词语还有个作用，即为下面的讲故事环节作铺垫。薛老师就像建房子一样，先帮助学生建好框架，再帮助学生备好砖块，接下来学生建房子就很容易了。教学中，学生始终是学习的主人，教师只是适时引导点拨。

薛老师利用两个故事之间内在的联系，设计出这样巧妙的环节，真令人佩服。在这里，老师教语文不再是教课文内容，而是利用教材内容训练学生运用语言的能力，提高学生的语文素养。可见教师对教材怎样解读，就有怎样的教法。我们每个老师都应深入钻研教材，树立大语文教学观，用教材来教语文。

三、写《动员令》

【教学片段】

师：布鲁斯王子是怎样动员的呢？给布鲁斯王子写一个“动员令”。想一想，布鲁斯怎样说能鼓起将士们的信心？怎样说能让大家愿意跟着他一起做第八次抵抗？

（学生写《动员令》，写好后教师指名读。）

【教学细节赏析】

学习写作是语文课堂的一项重要内容，但我们平时的课堂，阅读课只是分析课文，作文课才用来写作，存在阅读和写作分离的现象。其实，要提高学生的写作能力，光靠一学期七八次习作是远远不够的，需要平时多练笔。殊不知，课文本身就是很好的写作范例，读写结合更是提高学生写作能力的一个重要途径。此环节，薛老师带领学生进行了扎扎实实的写作训练。在学生写之前，薛老师介绍了写动员令的要求：要有号召力，让人们一看就想去保卫国家、保护亲人。有了这样的要求，学生就找到了方向，有的学生从人们对侵略者的仇恨入手，激起人们的仇恨心理；有的学生从《蜘蛛结网》故事入手，鼓舞人们重获信心……

曾经看过这样一句话：语文课要给学生留下什么？留下知识、留下能力、留下情感。我认为薛老师的这节课真正做到了给学生留下知识、能力和情感；同时，也向我们展示了在阅读课中如何设计语文实践活动环节来训练学生的听、说、读、写能力。

一切为了语言运用。

将"生活化"融入低年级课堂表演的几个关注点

张敏洁

一、低年级英语教学生活化的含义

1. 了解低年级英语教学的特征以及教学实际

小学低年级儿童一般指一、二年级的学生，他们在心理上还保留着幼儿期的一般特征，心理发展也处在起步阶段。小学低年级学生入学后立即进入真正的学习生活，可能难以适应，尤其是外语的学习，因此低年级的英语教学还是以读和听为主。当然，在教学过程中也要注意教学方法的灵活使用。考虑到低年级学生的注意力特点以及识记特点主要以无意注意和无意识记为主，教师所实施的教学方法还是要以游戏为主，这是能引起低年级儿童注意并引发兴趣的最有效、最直接方法，同时也符合新课标提出的以培养兴趣为主的低年级英语教学目标。

2. 低年级英语教学生活化

我国很多学者对英语教学生活化的概念做出了界定。如周序老师认为：英语教学"生活化"指的是从学生的实际出发，在教学中进行模拟实际生活的对话交流，激发学生学习英语的动机，让学生在生活化的学习情境中自然而然地掌握英语的基本知识和基本技能，提升语言的运用能力。也有学者认为，英语教学生活化是指将英语教学与幼儿相结合，使教学方式变为幼儿积极参与、乐于参与的生活过程。

笔者认为，低年级英语教学生活化指的是根据低年级学生的身心发展特点，从他们的生活实际出发，教学情境生活化，教学内容生活化，使教学的过程成为他们体验生活的过程。与此同时，低年级是学生语言学习的关键期，英语的教学生活化可以更有效地抓住这一学习的关键期，更有效地利用生活素材、生活环境；利用低年级学生可塑性、模仿能力强的特点，提高他们的语言能力、认知能力、社会交往能力等综合素质。

二、低年级英语教学生活化的几个关注点

英语教学“生活化”不单要求教学方法的改变，更要求教学理念的转变。生活化的英语教学要求我们将学生看作是发展变化的人，看作人格独立的人，看作具有个体差异的人，要求在富于真正教育意义的生活化教学情境中，通过培养学生对英语的使用，实现提高学生语言综合运用能力的目标。然而大部分教师对“生活化”教学的理解不够深刻，仅停留在字面而没有进行深刻的探讨，这就导致教师在实施教学时仅对教学的设计进行改进而忽略了教学活动的其他方方面面。这种形而上学的尝试终不能触及真正意义上“生活化”教学的根须，更达不到教学目的。接下来，笔者将主要谈谈低年级英语教学生活化在实际操作中需要关注的几个点。

1. 关注课堂的有效性

在英语课堂这一特定的时空内，教师可以利用各种教学手段为学生创设生活化的情景，从而为学生营造相对完整的英语交流氛围。那如何让一堂课既高效进行又不失“生活味”的交流氛围呢？

这就需要教师根据教学目标对教材内容做好整合。一方面，教师要结合实际教学需要，灵活地、创造性地使用教材，对教材内容和章节编排等进行适当的整合。这样可以突出核心内容，把握好教学内容以及教学过程的详略，呈现出情景，丰富教学过程，调动课堂气氛，从而提高学生的学习兴趣。另一方面，把握教材的系统性，有助于学生新旧知识的连接，更好地体现语言学习的连贯性。为此，我们要通过创设英语角、英语文化走廊、英语节等多种形式打造专门的英语学习空间，设立基本的英文标识，营造更好的英语学习氛围，让小学生在校园内能够多接触英语，在校园环境中扩大自己的英语知识和交流面。

2. 关注语用的真实性

语言来源于生活，语言的学习更是要生活化，只有这样才能达到语言学习的最终目的，回到生活中去。而转换成英语教学的专业术语便是语用能力（pragmatic competence）。

要培养学生正确且恰当的语用能力，这就需要教师拥有正确恰当的语用能力，至少要拥有正确语用的意识。在目前的英语教学中，很多一线老师对于这一点是有意识的。所以他们会阅读各种书籍，帮助学生避免语言使用的误区。但这样会进入另外一个问题，即当学生遇到他们当时所掌握的语言知识不能解

决的问题时，教师应如何引导。例如，学生在对话中听到“You've done?”时去问教师，在通常情况下教师会告诉他：“这个事关某个时态，你在初中会学到，现在可以跳过。”

试想一下，生活中一个母语为英语的国家的孩子在他牙牙学语之时，所接触的语言应该不会按照由简至难的顺序依次遇到并且学习，很有可能他在三岁的时候就已经接触了现在完成时，比如孩子吃完了饭，他的母亲跟他说：“You've done?”因此生活化的教学，更多的是让教师多思考怎样“教”才更适合“生活”、怎样“教”才显得真实，这也是培养学生语言能力的初衷，不能为了“教”而“教”。

3. 关注学习的顺序性

语言学上有相对应的理论成果，例如美国著名语言学家 S. D. Krashen 提出的输入假说（language input hypothesis），他认为第二外语的学习有着两种不同的相对独立的方式：习得（acquisition）和学习（learning），而学习者在语言学习中是通过获得“可理解的输入”（comprehensible input）逐步掌握的，他将“可理解的输入”定义为“i+1”，这里便能清楚地意识到学习乃至语言学习的顺序性，“i”代表已有的知识和信息，“1”代表加入的语言信息。

综上所述，习得的顺序性表现在两个方面：第一，学生学习过程的前后阶段具有内在的必要联系，先前的学习是后来学习的基础，而后来的学习是先前学习的必然结果；第二，当学习者的学习进入高一级水平后，原先的水平并不是简单地消亡，而是被高一级水平所包容和整合。

4. 关注学生的主体性

关注学生的主体性，首先要了解学生的学习特点。每一个年龄阶段的外语学习都有各自的优势和劣势。瑞士著名心理学家皮亚杰对幼儿的认知进行了深入的分析并指出：幼儿处于感知运动阶段和前运算阶段，他们反映的只能是自身运动所能触及的具体事物，他们需要依靠具体实物来进行形象思维，儿童的认知是“人”与“环境”相互作用的产物。由此可见，低年级英语的学习应定位于兴趣启蒙阶段，以培养学生的学习兴趣为主要目标。

其次，低年级英语教学生活化应该关注每一位学生。这就要求教师必须尊重学生的主体地位，尊重学生的独特性和自主性，让每一位学生成为英语活动的积极参与者，使教师的“教”服务于学生，并将所教的东西转化为学生的学和用。教师在教学过程中应发挥积极的引导作用，促进学生的成长。

参考文献

周婷婷，陈铖．小学英语的生活化教学策略探究［J］．才智,2014（30）.

冯宣．小学英语生活化教学研究［J］．小学时代:教育研究，2014（15）.

沈群娟．从生活中来到生活中去——“学为中心”理念下英语课堂生活化教学初探［J］．新课程研究旬刊，2014（12）．

楼青．让课堂与生活相连接——英语生活化教学浅谈［J］．新课程导学:七年级上旬，2014（10）．

（此文原载《小学教育研究》2017 年第 3 期）

在小学中低年级段进行编程教学的可行性研究

张晓雯

21世纪是信息时代，任何信息都在飞快更新，要想紧跟它的步伐，我们就要转变传统思维，发展创新能力，这也是我国课改以来一直强调的。近年来我国不断重视科技发展，在中小学教育中也开始重视“程序设计”的教育，初高中有关于LOGO、VB语言的课程，小学阶段从五年级起开始学习图形化简易编程软件Scratch及LOGO语言。二十几年前邓小平在参观10年科技成果展时曾说过“计算机普及要从娃娃抓起”，如今计算机早已普及；而微软创始人比尔·盖茨曾说过孩子编程要从小开始，从兴趣出发，通过计算机编程培养孩子的创造力[1]，我认为这一点也将会在不久的未来普及起来。鉴于我所在的学校目前只有一至三年级，所以我想在此谈一谈在小学中低年级进行编程教学的可行性。

一、计算机编程教育的前景

说起计算机编程教育，各个国家都已出台相关政策或正着手制定相关政策。

1. 国外计算机编程教育发展情况

美国前总统奥巴马在2013年“编程一小时”活动中发表了这样一段话：“不要只是买一个新的电脑游戏，自己做一个；不要只是下载最新的应用程序，帮助设计它；不要单纯在手机上玩，编写它的代码。无论你在城市还是农村，电脑将是你未来的重要组成部分。如果你愿意工作，努力学习，未来将由你们创造。”[2] 目前，已经有全世界各个国家都有学习者参与“编程一小时”活动中。

英国在2014年出台的课程标准中已将计算机编程课程设为5～16岁学生

[1] Majed Marji. 动手玩转Scratch 2.0编程［M］. 北京：电子工业出版社，2015.
[2] 牟艳娜. 为什么要教孩子编程［J］. 中小学信息技术教育，2016（8）.

的必修课。[1]

韩国将计算机编程课程在72所学校内进行试点，此课程将在2018年正式成为中小学必修课。[2]

2. 中国小学阶段计算机编程教育处于起步阶段

我国也十分重视中小学的计算机编程教育，《小学信息技术课程标准（2011版）》表述小学生在小学阶段应该具备这几点：

（1）形成运用计算机处理信息的基本能力。

（2）树立与终身学习和现代社会生活相适应的信息意识，形成积极的信息技术学习态度，养成健康负责的信息技术使用习惯。

（3）学会利用信息技术工具收集和处理信息，以支持学习、探究和解决日常生活问题。

（4）学会使用常用信息处理工具和软件，展开写作、绘画等活动，制作电脑作品。

（5）学会使用多媒体制作软件，运用文字、图片、声音等多种方式，灵活地表达想法、创意和研究结果。

（6）学会运用常用远程通信工具进行合作学习，开展健康的社会交往。

（7）学会设计和制作简单的机器人，体验“采集信息—处理信息—控制动作”的基本过程。该部分内容为选修。

其中，第七点涉及“能使用简单易学的程序语言（如LOGO）编制简单的程序控制机器人做出简单动作或解决简单问题”，这一点虽然是选修内容，但是说明小学阶段学习计算机编程是可行的。

江苏省在2013年修订的《江苏省义务教育信息技术课程指导纲要》中将程序设计也就是计算机编程纳入拓展模块，其内容如下：

内容项目	算法与问题解决	程序结构与设计
要点	1. 算法思想及意义； 2. 流程图； 3. 算法的优化。	1. 程序的三种基本结构； 2. 程序设计基本语法规则； 3. 算法设计与实现； 4. 程序的调试。程序设计内容详细说明。

〔1〕牟艳娜. 为什么要教孩子编程［J］. 中小学信息技术教育，2016（8）.
〔2〕牟艳娜. 为什么要教孩子编程［J］. 中小学信息技术教育，2016（8）.

（1）算法与问题解决

ⅰ. 结合生活中的具体问题，体验算法思想及其意义，进一步了解算法。

例：我们到商店买东西，首先确定要购买的东西，然后进行挑选、比较，最后到收银台付款，这一系列的活动实际上就包含了算法。

ⅱ. 学会使用自然语言和流程图来描述算法，知道流程图的基本图例，了解自然语言和流程图的区别和联系。

ⅲ. 知道算法的多样性，能有意识地设计与筛选算法，优化问题解决的方案。

（2）程序结构与设计

ⅰ. 了解程序的基本知识，知道程序控制的基本结构：顺序结构、选择结构和循环结构。

ⅱ. 选择一种容易掌握的程序设计高级语言，掌握其基本的语法规则。

ⅲ. 结合生活中的实际问题，分析算法，选择程序结构，并编写程序解决问题。

ⅳ. 能够读懂简单的程序，知道程序表达的基本意义，并学会调试程序。

例：给出一个“10 米折返跑”的小程序，能够判断这个程序及其中语句的意义，并能调试运行。

在小学阶段学会这些抽象思维是比较困难的，近年江苏省对小学信息课程的内容进行了增加，将图形化简易编程软件 Scratch 的内容编入五年级教材，使计算机编程学习的内容更符合小学生的心理发展规律，更易于理解。

国内外对计算机编程教育越来越重视，源于它能培养计算机思维，发展创新能力，与信息时代需要终身学习和发展的人才不无关系。

二、对小学中低年级段进行计算机编程教育的意义

1. 小学中低年级儿童的认知发展规律

心理学家皮亚杰的认知发展规律表明，小学中低年级儿童的认知发展正处在由“前运算阶段（2 ~ 7 岁）”进入到“具体运算阶段（7 ~ 11 岁）”的过程中。在这个过程中，思维由不可逆性转变为思维可逆；思维逐渐去集中化，能从事物的整体和部分出发看待问题；儿童仍需要从具体事物中获得逻辑思维。

由于此阶段儿童具有形象逻辑思维的特点，所以选择的编程软件必须符合这一特点，我选择从图形化简易编程软件 Scratch 入手，开始儿童的编程学习

之旅。

2. 图形化简易编程软件 Scratch 的特点

Scratch 是一款由美国麻省理工学院媒体实验室开发的面向青少年的图形简易化编程软件，因为研究人员发现中小学生学习 C 语言难度太大，所以研究出了这款符合中小学生认知发展规律的软件。其软件界面友好，并且适合所有年龄段的人学习。

Scratch 有以下几个特点：

其一，简易的编程环境（见图 1），不需要输入烦琐的程序语言，只需将软件中提供的模块像搭积木一样组合成各种脚本，舞台上的角色就可完成你所想的一切。

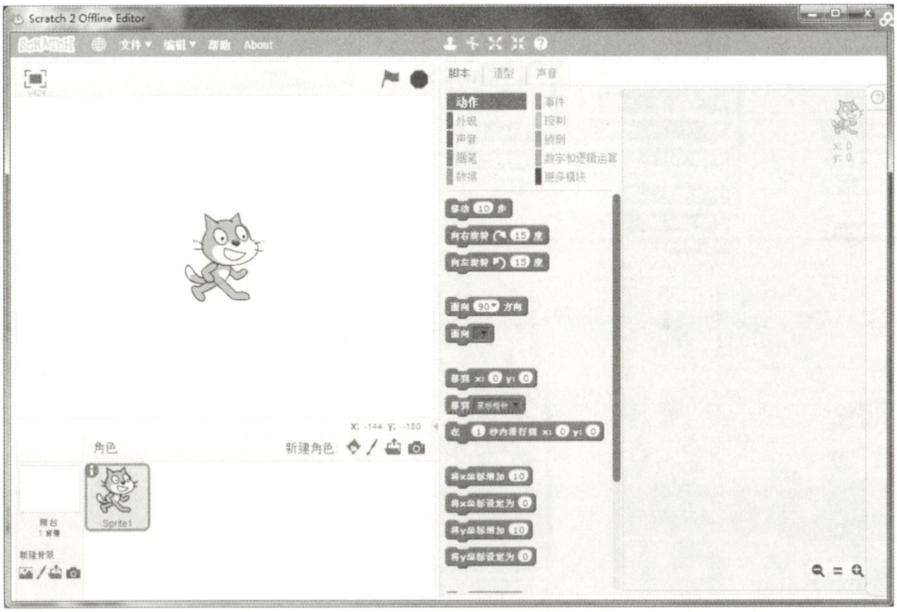

图 1　Scratch2. 0 界面

其二，每个积木块都可直接单独运行，互不干扰，所见即所得，易于儿童快速掌握每个积木块的意义。

其三，Scratch 共有 10 大模块，超过 100 种积木块（见图 2），有着千万种组合的可能，能激发儿童的好奇心，通过动手实践探索和自主学习，培养儿童的想象力，发展创新思维。

其四，Scratch 软件具有分享平台，可将自己的创意作品发布到 http：//scratch. mit. edu/官方网站。在这个平台上，儿童可以欣赏到世界上各个国家的学习者上传的作品，还能参与其中修改他人的项目。

Scratch 不但培养儿童的编程思维，还能培养儿童爱分享、共合作的精神，是一款十分适合儿童初学编程的软件。

图 2　10 大模块

3. 学习计算机编程符合发展“核心素养”的要求

2016 年 9 月 13 日发布的《中国学生发展核心素养》，分为文化基础、自主发展、社会参与三个方面，包括了人文底蕴、科学精神、学会学习、健康生活、责任担当、实践创新六大素养，具体细化为国家认同等 18 个基本要点，我认为其中的计算机编程能发展学生科学精神、学会学习、实践创新这三个方面的素养。

例如，计算机编程要求理解算法思想及意义、明白程序的三种基本结构、掌握程序设计基本语法规则等，学生能够通过学习、理解、运用上述计算机科学知识和技能形成计算机编程思维方式，此为科学精神的发展。

又如，算法的优化、程序的调试，有助于培养学生选择正确的学习方式和方法、评估调控学习进程等方面的素养，此为学会学习素养的发展。

再如，算法设计与实现这方面能够发展学生善于发现和提出问题的能力，使其保持解决问题的兴趣和热情；使学生能够依据特定情境和具体条件，选择或制订合理的解决方案；使学生有在复杂环境中行动的能力等，此为创新实践素养的发展。

三、对小学中低年级段进行计算机编程教育的初步设想

在设计此方案之前，我翻阅了一些信息技术教育类杂志，发现有些学校已经开始实施，并且取得了一些不错的成果。而目前我校只有一到三年级，所有有关计算机编程的教学内容都没有进入教学进程，所以我将以社团的形式先培养一批对计算机编程感兴趣的孩子，从兴趣入手，培养学生的创新思维。所以，此方案是基于中低年级段儿童认知发展规律、图形化简易编程软件 Scratch 的特点、“核心素养”的要求、前人的一些经验和我校的特点设计的。

1. 教学形式

由于中低年级没有信息课，所以我以社团的形式先培养一批对计算机编程感兴趣的孩子，从兴趣入手，培养学生的创新思维。

2. 使用软件及服务

以 Code. org 服务为入门教程，Scratch 为初级编程软件。

Code. org 是“编程一小时”活动推出的适合全年龄段的网上在线编程课程，由于它和 Scratch 操作方式很相似，所以先以此为入门教程，这样再掌握 Scratch 就有了一定的基础。

3. 教学内容及进程

Scratch 入门阶段（包括 Code. org 学习）

时间段：一学期

时间	内容
两周	studio. Code. org　course 1 stage 3、4、5、10
十二周	Scratch 界面　动作、外观、声音、画笔模块

Scratch 进阶阶段

时间段：一学期

时间	内容
十二周	Scratch 事件、控制、侦测、数字逻辑运算模块
两周	创造一个作品

Scratch 高阶阶段

时间段：一学期

时间	内容
十二周	Scratch 外部感应设备连接及编程
两周	小组合作创造一个连接外部设备的作品

此方案还需在实施过程中不断获得反馈、进行修改完善。

以上为对小学中低年级段进行编程教学的可行性研究，我相信在 21 世纪，计算机编程教育一定会成为发展学生素养的得力帮手。

（此文原载《苏州教育信息化》2017 年第 3 期）

小学语文阅读教学可视化的方式〔1〕

周信东

一、引 言

“帮助学生发展必要的认知（智力）工具和学习策略”是实现高效学习的手段之一〔2〕，知识可视化作为认知工具中的重要表征，在小学语文阅读教学中的运用恰如催化剂，“能帮助教师采用学生易于理解和接受的教与学的方式，激发学生的学习动机，使教与学在学生‘想学’‘愿学’‘乐学’的心理基础上展开”〔3〕，从而有效促进教与学。

阅读是习得语言的主要途径之一，是认知图式与阅读内容相互作用意义建构的过程。“语言文字运用”是语文教学的本质特征，但是因为对儿童认知过程本质缺乏正确认识，目前许多小学语文课堂为体现“语言文字运用”，直接由教师标签式讲解阅读和表达的陈述性知识，这样既不利于学生主体建构，也不利于形成素养。脑科学研究发现，人的左脑善于逻辑分析、抽象思维、语言表述等，右脑善于空间和形象思维，知识可视化可以将逻辑思维通过颜色、形状形象地表现出来，把人的思维过程可视化，开发利用左右脑。在小学语文阅读教学中采用可视化策略，正是从语言文字运用的本质出发，基于儿童主体的认知规律和脑发育规律，运用形象直观的方式所进行的一种尝试，其目的是激发学生的学习兴趣，引导学生主动重构文本，习得知识，内化语言，领悟阅读方法，建构表达图式，提升学科素养。

---

〔1〕本文系江苏省教研室第10批教研课题“‘类文本’教学理论建构及实践研究”（2013JK10—L170）、“十三五”苏州市规划课题“小学语文‘类文本’教学理论建构及实践研究”阶段研究成果之一。

〔2〕约翰·D. 布兰斯特. 人是如何学习的——大脑、心理、经验及学校［M］. 程克拉译. 上海：华东师范大学出版社，2009.

〔3〕崔允漷. 有效教学［M］. 上海：华东师范大学出版社，2009.

二、知识可视化的内涵

“可视化”最早见于布洛斯·麦卡米克（Bloss McCamic）1987 年 2 月发表的美国国家科学基金会报告《科学计算中的可视化》（*Visualization in Scientific Computing*），2004 年 7 月，M. J. 埃普拉（M. J. Eppler）和 R. A. 伯卡德（R. A. Burkhard）共同编写的工作文档《知识可视化——通向一个新的学科及其应用领域》（*Knowledge Visualization towards a New Discipline and its Fields of Application*）[1]发布，这标志着“知识可视化”正式成为一个新的研究领域。

我国“知识可视化”的提法最早见于 2005 年北京师范大学赵国庆博士的《知识可视化的理论与方法》，该文主要介绍了 M. J. 埃普拉和 R. A. 伯卡德的研究成果。2009 年，赵国庆对其关键术语进行深入分析，在《知识可视化 2004 定义的分析与修订》中将“知识可视化”定义为：“知识可视化领域研究的是视觉表征在改善两个或两个以上人之间知识创造与传递中的应用。这样一来，知识可视化则是指所有可以用来建构和传递复杂见解的图解手段”，其手段与目的即“知识可视化则是通过提供更丰富的知识视觉表征的方式，以提高人们之间的知识创造和传递。知识可视化的主要目的在于增进个体间的知识密集型交流，例如将新的见解纳入到已有的概念体系中去”[2]。目前，最常见的知识可视化类型主要有草图、图表、图像、地图等[3]。

三、知识可视化教学的实践尝试

小学生自身知识储备少，知觉经验以形象化为主，随着年龄的增长，理解与思维的过程由具象逐渐向抽象过渡，在此阶段适合他们的信息表征是图片、图表等可视化内容。知识可视化教学就是以学生为主体，把复杂、抽象的教学内容转化为图形、图像表示出来，本文所说的小学语文阅读中的知识可视化教学包含一切可用来帮助学生掌握知识的可视化方式，包括独具语文学科特点的可视化方式的使用，以下试作具体阐述。

---

〔1〕 M. J. Eppler & R. A. Burkhard. *Knowledge Visualization towards a New Discipline and its Fields of Application*. ICA Working Paper #2/2004 [R]. University of Lugano, Lugano, 2004.

〔2〕 赵国庆. 知识可视化 2004 定义的分析与修订 [J]. 电化教育研究，2009 (3).

〔3〕 邱婷. 知识可视化作为学习工具的应用研究 [D]. 江西师范大学，2006.

1. 概念图

概念图（concept map）是康奈尔大学心理学家诺瓦克（J. D. Novak）根据奥苏贝尔（Ausubel）的有意义学习理论提出的，是以学习理论为基础的元认知工具，也是组织和表征知识的工具[1]。它将某个主题的相关概念及其关系用二维图形来表示，将主题的不同层级用线连起来，从而描绘出人脑内部的思维图形。诺瓦克在《学会学习》中这样解释：概念图是一种以系统的命题方式彰显概念之间的联系与意义，并在节点处以具体事例加以说明，从而把基本概念有机地联系起来的空间网络结构图，可以用来组织和表征知识的概念图由概念（关键词）、链接连线、节点、层级结构四个图表特征构成，换句话说，一般的概念图的组成都离不开这四个基本的组成要素。在阅读教学中借助绘制概念图，可以调动学生自主、探究地学习，把对一篇文章主要内容、层次脉络的理解，或者对一类文本共性特征及个性差异的领悟，用关键词表征出来，理清它们之间的关系，实现个性化、可持续的教学交互。

一是一些条理清晰、层次分明的记叙类、说明类文本，可以让学生借助概念图深度自学、合作交流、智慧分享。比如《记金华的双龙洞》（苏教版小学语文六年级上册），文章以游踪为线索，分“路上、洞口、外洞、孔隙、内洞、出洞”几个部分，详写“孔隙”和“内洞”两个部分。文章条理清晰、朴实浅显，对于六年级学生来说难度不大。周姓学生以课题“记金华的双龙洞”为主题，抓住地点转换的关键词，以游踪为节点进行连接，在“孔隙”和“内洞”部分延伸层级，提炼出孔隙“窄、险”、内洞“大、黑、奇”的特点（见图1），与文本相关描述相呼应，细致诠释文本“写什么”与“怎么写”的相关知识，因此而内化为此类文本的一种阅读图式，为写相似题材的文章提供了借鉴。

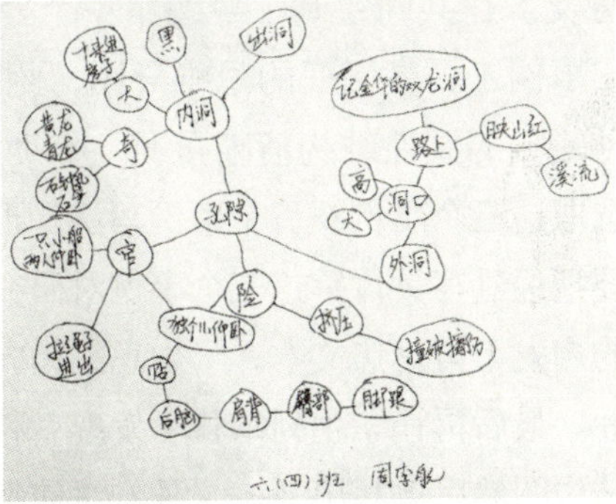

图1 《记金华的双龙洞》概念图

〔1〕 赵国庆，黄荣怀，陆志坚. 知识可视化的理论与方法［J］. 开放教育研究. 2005（2）.

二是综合复习知识课型。使用概念图能帮助学生快速捕捉细节信息，“对号入座”般进行归类整理，对比、分析相似知识之间的细微差别，把对知识的表层理解引向深入。比如知识点较多同主题古诗词整理、整册教材人物形象梳理、同一标点符号多种使用情况等，可以充分利用概念图的二维层级关系，相对完整地罗列出相关联的内容，细致区分其异同，从而促进理解、记忆与综合运用。

2. 思维导图

思维导图是20世纪60年代记忆大师托尼·巴赞（Tony Buzan）创造的一种笔记方法，又称心智图。它是把大脑中的想法用彩色的笔画在纸上，或用计算机绘图的方式向他人或自己呈现思路的方法。它是“发散性思维的表达”，即围绕一个中心主题，向周围释放出关联的分支，利用图示、符号、关键词或短语对分支进行标注，是动态记录思维过程的方法[1]。小学生阅读时，借助思维导图可以将文本各部分的组成利用相互关联的分支表达出来，并结合相应的关键词、图示等，对文本进行理解与记忆、比较与区分，完善自己的阅读图式，从而形成系统的学习和思维习惯。

比如《真理诞生于一百个问号之后》（人教版小学语文六年级下册），围绕中心主题“真理诞生于一百个问号之后”释放关联的一级分支，即文章所列举的三个科学发现发明的事例（见图2）。清晰的网络建构起了文本整体框架，为进一步探究文本的内在结构打下了基础。接着以第一个事例（课文第3自然段）“谢皮罗发现洗澡水漩涡方向”为例，师生共同研究解开文章“发现问题—观察实验—得出结论”的表达结构，绘出二级分支，“结论”的三种情况又可以延伸出三级分支。在共同绘制了导图第一个分支后，学生再自主阅读、提炼关键词，画出事例二、事例三的思维导图，此时文章主体“发现问题—实验研究—得出结论”的显性结构清晰可见。借助导图进一步发掘背后的隐性结构：为什么选取这三个事例？三个事例写法是否完全相同？不同的是什么？平时写作通常要把经过写具体，这三个事例对研究经过为什么只一句话略过？在陌生化问题的启发下再聚焦文本，学生思维指向更加集中，更容易发现作者运思的细微奥妙。最后再让学生列举科学发现、科学发明的例子，仿照文本写作方法先画出结构图然后再写出来。这种方法使学生在深化对思维导图

〔1〕边会艳．基于思维导图的小学语文阅读教学模式的建构与应用［D］．郑州：河南师范大学，2013（5）．

理解的同时，又能运用一种结构方式进行写作实践，可谓一举多得。

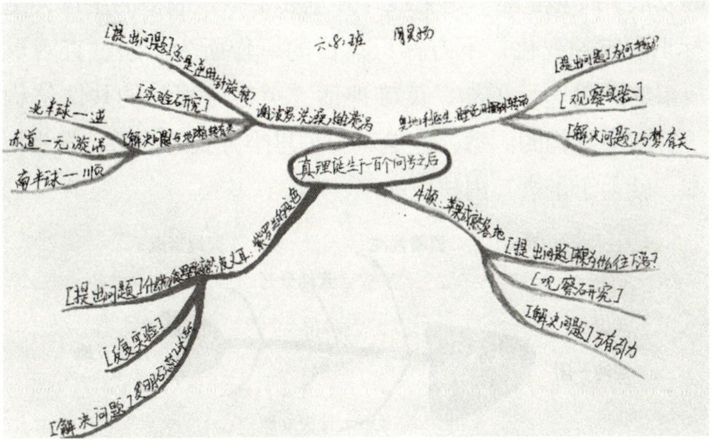

图 2　《真理诞生于一百个问号之后》思维导图

阅读说明、说理或写景状物类文本思维导图运用得较多，比如苏教版小学语文中的《谈礼貌》《音乐之都维也纳》《九寨沟》等即是。这类文本获取信息、把握内容是核心目标之一，借助绘制思维导图练习抓住关键词提取信息的阅读策略，简洁高效。思维导图还能帮助学生再现作者构思的文路，并通过比较分析文章各部分内容的异同，建构一种表达图式，将阅读与表达结合，凸显了“语言文字运用”的本质。

3. 鱼骨图

鱼骨图是日本东京大学石川馨教授发明的一种管控质量的有效方法，它通过鱼形骨架勾勒出相互关联的问题及影响因素，能够直观形象、条理清楚地揭示问题的因果关系及本质。一些结构复杂、内涵丰富的文本，小学生阅读时难以迅速理解各部分内容与主题的关系，尤其对内容背后的文章结构以及作者的思维方式难以把握。采用鱼骨图梳理文本，以形象的形式抽取与主题相关的内容，并贯穿在主线上下，将立体时空变成二维图示，更加清晰直观，便于抓住思想和内容的核心揭示其结构，了解其思维过程。

比如《开天辟地》（苏教版小学语文四年级上册）[1]是一篇具有英雄神话共性结构特征的典型文本，阅读时可以绘制出文章的鱼骨图（见图 3）：“鱼

〔1〕（美）约瑟夫·坎贝尔著，张承谟译．千面英雄［M］：“英雄的旅程”指：英雄从日常生活的世界出发，冒种种危险，进入一个超自然的神奇领域。他在那儿跟各种奇幻的力量相遇，并且赢得决定性的胜利。然后英雄从神秘的冒险归来，带回来能够造福他的同类的力量。

头”表示起因，即天地混沌一团；“鱼尾”表示结局，即开辟了天地；中间鱼骨是故事的发展，“鱼椎骨”是主线，开创、奉献是故事的主旨，上方“鱼骨架”主要标识宇宙的变化，下方标识盘古的所作所为。通过直观形象的鱼骨图，整个故事的脉络一目了然，英雄神话“英雄旅程”的共性结构就容易理解了。对一种叙事结构的洞悉，也是对一种思维方式的洞悉，学生再阅读英雄神话类文本，就易于走进其内核了。

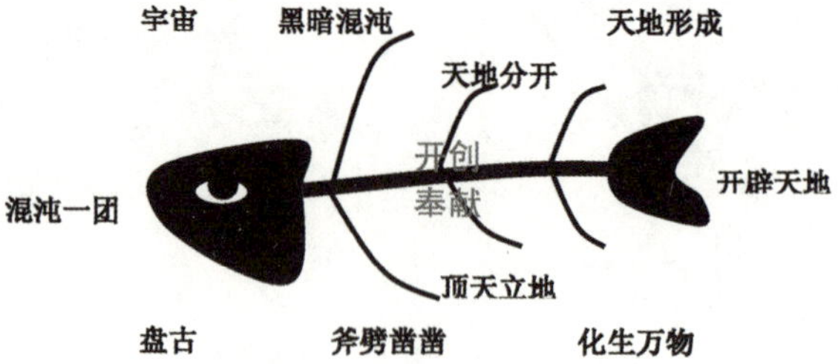

图 3　《开天辟地》鱼骨图

鱼骨图一般较多运用于主题突出、结构较复杂的文本，除了具有特殊结构的神话、寓言、文包诗等之外，一些散文也可以运用，比如苏教版中小学语文教材中的《珍珠鸟》《番茄太阳》等。

4. 思维地图

思维地图是由大卫·海勒（David Hyerle）博士1988年开发的，它以基本的认知技巧为基础，这些技巧包括比较和对比、排序、归类、因果推理等。思维地图共有8种：括弧图、桥接图、起泡图、圆圈图、双起泡图、流程图、复流程图、树状图[1]，详见图4。

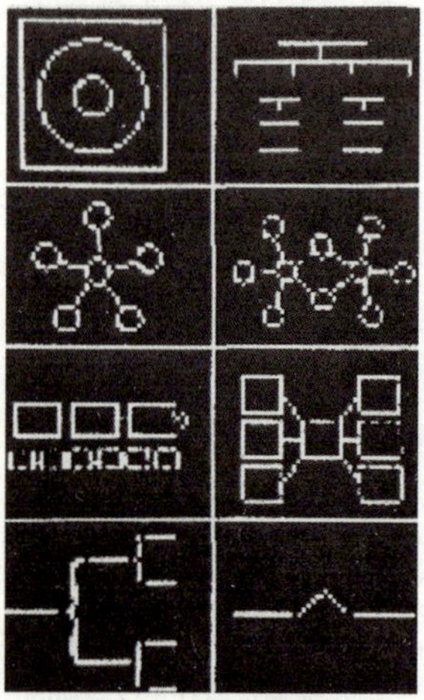

图 4　8 种思维地图

这8种图在小学语文阅读教学中经常被使用，比如流程图，它的优点是能有顺序地展示事物发展的顺序、过程和步骤。如《人物描写一组》（人教版小学语文五年级下册）片段“小嘎子与胖墩儿比赛摔跤”，知网收录的相关教学设计、实录几乎都提到了其动作描写的特色，但揭示其动作描写奥秘

〔1〕赵国庆，黄荣怀，陆志坚．知识可视化的理论与方法［J］．开放教育研究．2005（2）．

的教学策略普遍显得苍白。小学生作文不具体、不生动往往是动词使用出了问题，如果教师不教给学生将人物的连贯动作分解写具体的方法，只反复作“注意人物动作描写”之类的空洞说教，对学生的写作肯定并无帮助。绘制动作流程图，就是将人物的连贯动作分解，使连贯动作可视化、思维可视化、表达可视化的有效策略。教学中，笔者引导学生自读圈出“胖墩儿”的动作，然后绘制人物动作流程图（见图5）。

胖墩儿：跳⇨退⇨闪⇨脱⇨叉⇨说

图5　“胖墩儿”动作流程图

有了可视的动作，学生就能在头脑中想象具体画面，对文本内容、人物形象的理解就更加深刻了。接着再阅读圈出“嘎子”的动作，尝试画动作流程图。通过如此这般的琢磨文字，学生对写好人物动作已有领会。在此基础上教师做一个连贯动作，让学生尝试画出动作流程图；让学生回家观察妈妈做家务的动作，然后画出动作流程图，并写出妈妈做家务的过程。通过这样逐步深入的实践训练，借助人物动作流程图这一可视化工具，学生就有可能掌握动作描写的图式，写好人物动作了。类似的流程图还有心情流程图、情节流程图等，苏教版小学语文教材中的《鞋匠的儿子》《莫泊桑拜师》等课文可以作为练习的案例，它可以帮助学生快速聚焦核心，撷取关键，掌握发展变化的线索，细化思维，促进表达。

5. *启发式草图*

启发式草图是利用手绘形式向自己或他人呈现个人思路或主要观点的可视化方式，这种方式操作简单，能边绘制边修改，绘制和讲解能同时进行[1]。绘制草图，可以训练学生学会在阅读中抓住关键词，提取信息点，把理解文本的思维过程直观呈现出来；讲解草图，是创造性复述，是在口头表达的言语实践中内化语言，在学习知识的同时发展语言和思维。

如科普童话《云雀的心愿》（苏教版小学语文四年级下册），课文以云雀妈妈的口吻介绍了森林是大水库、空调器等，教师在教学时可以引导学生用抓关键词提取信息的方法阅读文本，绘制形象的草图介绍森林的作用。吴姓学生结合绘制的草图（见图6），讲述了森林为什么是个大水库的知识：森林里的树冠挡住雨水以免雨水直接冲刷地面，苔藓和枯枝败叶吸收雨水，土壤蓄水，

〔1〕张霞．知识可视化研究综述［J］．软件导刊：教育技术．2013（2）：8－11.

所以森林是一个大水库。

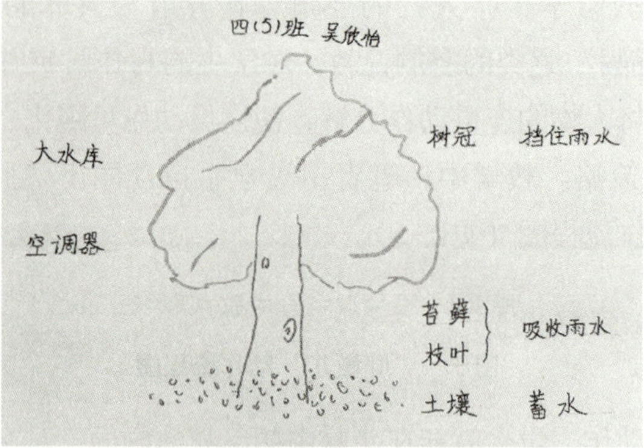

图 6　《云雀的心愿》启发式草图

讲述既检验学生对森林作用相关科学知识的了解是否正确，又是帮助学生内化文本语言的过程，学生在进行主动的言语实践的同时也能领悟"从上到下"的表达顺序。介绍完"大水库"和"空调器"后，教师通过对比概括出这两段"提问题 + 做解释 + 反问照应"的总分总结构，将"写什么"与"怎么写"有机融合，布置学生选择生活中的一个现象写一篇科学童话，这样科学小品类文本教学的"语言文字运用"味道就更浓了。许多信息点多而分散的文本，比如苏教版小学语文教材中的《恐龙》《莫高窟》《人类的老师》等，可以利用这种可视化工具，促进学生在自主阅读掌握阅读方法的同时练习语言表达。

结合以上知识可视化方式，在平时的教学中，根据语文学科文选型教材的特点，笔者还尝试开发了一些具有学科特点的可视化工具，如文配画、情节曲线图、人物关系图等。

6. 文配画

图式理论揭示了阅读中信息处理的过程，阅读时读者主要运用"从下至上"（激活与修正旧图式）和"从上至下"（已激活旧图式对新内容的预测与选择）两种模式处理信息，当两种过程相符时，读者就会正确理解阅读内容，因此，唤醒图式是阅读的必要条件，缺少唤醒会造成读者阅读困难甚至失败。文配画是根据文本描述的内容绘出图画，是将抽象思维与形象思维结合，用小学生喜欢的方式表达对文本的理解，是唤醒图式的有效策略。如《美丽的丹顶鹤》（苏教版小学语文二年级上册）第 2 自然段对丹顶鹤样子的描写，支离破碎地咬文嚼字并无裨益，让学生为文配画既可以检验其理解的准确性，也可以调动学生多感官协同学习，激发学习兴趣，培养审美情趣。一些状物类文本可采用此方式，如苏教版小学语文教材中的《航天飞机》《石头书》等。

古诗词配画也是常用的策略。“诗中有画”，通过诗配画，学生对字词的理解、画面的想象、意境的领悟可以更加深刻。比如《池上》（苏教版小学语文四年级下册），这篇课文非常贴近儿童生活，教师可以放手让学生自主学习、同伴合作交流，给诗配画，并通过讲述分享绘制过程，深化对诗文的理解。一次课上有一个小组给这首诗配了一幅画（见图7），描述了这幅画（这首诗）的故事：一天，几个小孩撑着小船去池塘里玩，偷偷采了几朵白莲准备带回家。他们快速地划着船，可是不懂得要隐藏自己的行踪，水面上的浮萍被小船荡开了一道水路都没有察觉。

图7 《池上》文配画

当他们描述完时，其他同学提出：诗中的小娃很可爱，他们以为偷了白莲别人不知道，可水面上的浮萍被荡开去留下的水痕暴露了行踪，这一小组忘了画出一道水痕，小娃的可爱就体现不出来了。把想法画出来能暴露思维是否严谨，诗配画检验了学生是否真的理解课文、是否关注了细节，同时通过进一步讨论，学生也提升了对诗歌意境的领会。诗歌中的“踪迹”配画中的“水痕”，学生思维的碰撞，正是可视化教学的魅力。

7. 情节曲线图

情节曲线图是标示文本故事情节发展变化的可视化工具，主要适用于有跌宕起伏情节的故事类文本。它通过线条高低起伏的变化表示情节的跌宕以及人物心理变化的走向，突出矛盾冲突，凸显人物形象，揭示故事主题。以情节取胜的小说，设置冲突、制造矛盾、塑造人物形象是核心，借助情节曲线图可以直观地呈现小说的运思过程。如《三打白骨精》，唐僧师徒饥饿难耐寻找食物，白骨夫人变化为村姑、老妇人、老公公行“骗”，悟空三次打死白骨精的变形（见图8）。通过情节曲线图的绘制，什么时候故事情节紧张、读者的心被悬置、矛盾到达高潮，什么时候情节又趋于平缓、读者心情得以松弛，一目了然，学生一下子便可以把握故事情节，了解发展线索了。利用情节曲线图还可以二度开掘文本中细节描写的深刻用意，比如开头为什么细致地描写深林的环境？为什么白发老妇还能“闪”？为什么悟空叫来神仙作证神仙却只在空中？借助情节曲线图，以整个故事为背景进行对比和综合剖析，学生对文章表达方面知识的领悟也会更丰富。

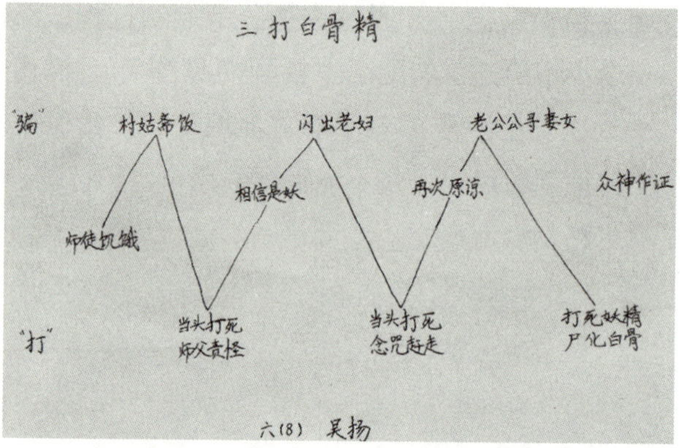

图 8 《三打白骨精》情节曲线图

苏教版小学语文教材中的《半截蜡烛》《鞋匠的儿子》等小说类文本均适合使用绘制情节曲线图的可视化方式，在起伏的线条中感受故事的“起落”。这种方式既是阅读策略引导，也是写作方法指导的渗透。

8. 人物关系图

人物关系图是罗列文章主要人物，用箭头和线条连接，并用关键词标示人物之间所发生关联的可视化方式，主要适用于一些人物较多、人物之间显性和隐性关系复杂的文本。图示能够有效地帮助读者透过复杂事件的表象看到事情的本质，从而深刻领悟文章所表达的主旨。尤其是整本书阅读，利用人物关系图可以站在全局的高度俯瞰全书，把握精髓。

如《无言的爱》（沪教版小学语文五年级上册）课文第 2 节“镜头一”出现了母狗、4 只小狗、母花猫，它们之间发生了什么事？哪个词能表现它们之间的关系？借助人物关系图梳理，“母爱”的主旨就清晰了。“镜头二”课文第 3、4 节如果教师放手让学生尝试画人物关系图，收获“友爱”的主题，全文表现“爱”的写作目的就清楚了（见图 9）。在把握“写什么”之后，再去研究“怎么写”的表达奥秘，可以发现两个镜头有相同的结构方式：现象 + 感受。其不同之处是：“镜头一”是主持人点出感受，“镜头二”是借房主之口说出感受；“镜头一”没有写环境，“镜头二”开头有环境描写。理解了内容，洞悉了表达方式，拓展模仿写作就水到渠成了。

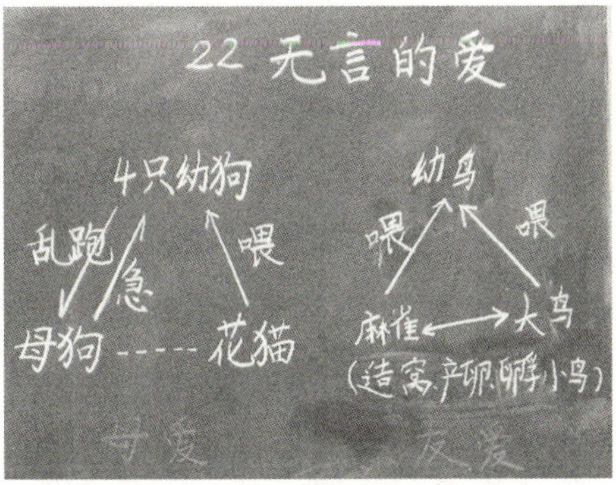

图9 《无言的爱》人物关系图

苏教版小学语文教材中的《爱之链》《负荆请罪》等课文可以使用该可视化方式。

四、结束语

在小学语文阅读教学中尝试引入设计良好的知识可视化方式，充分以学生为主体，将抽象思维与形象思维相结合，在情感层面，它能够使受者主动地解释和探究图形的意义和兴趣，有助于提高知识创新和迁移的意识和兴趣；在认知层面，它可以促进记忆并培养新知识的应用，可视化的过程引导概念和观点的深入了解和正确评价，能呈现先前知识的联系，引导顿悟[1]。当然，使用知识可视化工具要遵循教育学、心理学、脑科学原理，并通过反复的课堂教学实践验证其效能，“经历‘实践、反思、改进、再实践’的多次迭代过程”[2]，逐步使其系统化、科学化，以促进小学语文阅读教学改革走向深入。

（此文原载《教学与管理》2017 年第 7 期，有改动）

〔1〕 赵慧臣．知识可视化的视觉表征研究综述［J］．远程教育杂志，2010（1）．
〔2〕 刘超．近十年国外知识可视化研究发展述评［J］．上海教育科研，2012（9）．

例谈“有我之景”类文本教学

周信东

【案例呈现】

写景状物类文本是教材文选的重要组成部分，这类文本“读写结合”是规定动作。如苏教版小学语文六下《广玉兰》，知网收录已发表的教材解读、教学设计、教学实录 38 篇，其中 2011 版《语文课程标准》出台后相关文章 19 篇，强调读写结合的超过 80%。

重视读写结合是与语文教学突出“语言文字运用”的本质相一致的，但这类读写结合已走入一个误区，多数仅让学生明白“是什么”，没有建立形式与内容的联系，没有揭开“为什么”“怎么办”的奥秘，仿写训练仅单调叠加优美词句，“只专注在写作的格式上”，没有与表达方面相关的课程内容，没有在已有知识经验基础上进行新的表达图式建构，是一种消极语用，无法进入言语生长点。

【改进策略】

如何改变这种现状，真正发挥此类文本读写结合的功能，让学生在积极的语言文字运用中提升文字表达水平呢？比如《广玉兰》是苏教版小学语文教材中典型的“有我之景”文本。“有我之景”是化用王国维“有我之境”的说法，是说这类文本的作者移情入景，景物描写带有作者浓厚的情感色彩，所表达的思想感情也具体明确，比较强烈。这类文章有写作主体，有言说对象，有写作目的，文字自然灵动。教学这类文本首先要在有效地“读”上做文章，然后才能水到渠成地“写”，具体阐述如下：

一、读：整体把握“有我”的表达奥秘

阅读“有我之景”类文本，既要读懂文字表面意思，更要关注文本的篇章结构，揣摩文字背后“我”想要表达的意蕴，解开内容与形式之间的关联。

《广玉兰》的写作目的已在文末点明，即“我爱广玉兰的幽香与纯洁，更爱广玉兰无比旺盛的生命力”。全文依次写了广玉兰的香味与质感、花的形

态、叶子等内容，其中直接赞美广玉兰本身味道、姿态的内容较少，更多是为了突出广玉兰旺盛的生命力，结构安排与作者的写作目的是吻合的。

以第3自然段为例，这一段以总分总的结构，围绕“花开的各种形态”具体写花含羞待放、刚刚绽放、盛开、开过的四种形态，这是显性结构，易于被关注。再用“症候式分析”解读隐性结构，就可以发现其中不易觉察的隐秘。“症候式分析”由弗洛伊德最早使用，哲学家路易·阿尔都塞最早提出概念，清华大学蓝棣之将其译为“症候式分析”。它是心理解读的一种，以文本各种悖逆、含混、反常、疑难现象作为突破口，将各种细枝末节的表象联系起来，从中分析出艺术家创作的深层动机。用“症候式分析”来解读这一段：一般情况下作者会在花的前三种形态着力，而尽量避免写凋谢的形态，为什么这里作者却浓墨重彩地写凋谢的广玉兰呢？从这一反常角度引起陌生感，打破认知平衡，再适时拓展创作背景，处于困惑中的学生经历了作者的思维过程后会豁然开朗，了解作者是为了表达艺术家“红心”永恒、代代相传的主旨。像以上这样从整体语境出发，剖析部分与整体的关联，有助于学生真正读懂作者的写作意图，解开作者的写作密码，洞悉“有我之景”的表达奥秘。

二、写：积极建构“有我”的个性表达

语用学认为“写作即交流”，这与当今交往哲学、建构主义、功能语言学、社会认知理论、情景认知、交际学、传播学等理论是一致的。他们认为写作是作者与读者之间运用背景知识基于交际目的、针对具体语境而进行的意义建构和交流活动。实现交流是作者写作的本质目的，作者创作文章多是在一定情境下与特定的对象的一种文字交流。基于这种理念背景下的读写结合训练，就不仅仅是碎片式、追求形式技巧的练习，而应是基于整体语境背景，从学生个体“我”出发的主动生成。

（一）创设“有我”的读写语境

王荣生认为：“写作是特定语境中的书面表达”，“写作活动是在特定语境中构造语篇”。如果运用语言文字的人在特定的语境中运用适合交际环境的语言形式表现出来，其言语效果就好。比如《广玉兰》，作者在中山陵附近认识了广玉兰花，将它的某种特性与人的某种品质联系到一起，联想起文艺工作者的“红心”会一直传下去。有了“有我”的言说语境后，作者笔下之“景”就不仅是对客观事物完全客观的描述，更渗透着“我”浓浓的个人情感倾向，

与之相对应的谋局布篇、遣词造句也就不同。

进行读写结合训练时，教师可出示如迎风摇曳的小草、苍劲的翠竹、成熟的稻子等图片与学生进行交流：生活里有像图中植物一样的人吗？他们之间有哪些相似之处呢？通过图片及问题语境的创设，引导学生在所要表现的人物与事物之间建立关系，此时语境的整体性和真实性就变得可以触摸，学生也就可以通过真实个性化的语言表达思想了。

（二）确立“有我”的写作目的

朱自清强调写作的“读者意识”，叶圣陶强调作文是“有所为的”，就是说“写者在写的时候，心中必须有读者的存在”。写作的本质是一种交流，读者是谁，读者关心什么，读者希望从文章中读到什么，都是写作者需要思考的问题。有了交际对象，写作时就会综合考虑对象的认知、兴趣、情感等多种因素来确立写作目的，选择合适的材料、合适的言语方式，进行谋篇布局。当学生有了这种需要后，再运用从例文中学到的写作知识进行写作，言语习得过程和语言习得行为就成为一种自觉意识，也是主动建构的积极语用。

由此，上述读写结合就可以这样进一步聚焦：我的这篇文章要写谁？要表现他的哪种品质？哪种景、物的特点与之相类似？比如同学成绩优秀就与稻子成熟类似，可以赞叹泛着金光的色彩喜人，可以赞叹颗粒饱满的果实诱人。进一步探究：如果“借成熟的稻子表现成绩优秀的同学谦逊的主题”怎么写？于是便可以发现所写之景的独特之处——稻子丰收却不张扬，穗头低垂的谦虚品质可贵。稻子成熟丰收与人（学生）成绩优异相类似，而重点则突出穗头下垂的“谦逊”，以赞美自己所要言说的那位同学虽然取得优秀成绩，但仍不骄不躁的品质。

这样，有具体语境，有言说对象，加上刚学的表达方法，学生就可以有个性地言说，独立地创生，完整地表现，不仅实现了自己的言语意图，言语行为也会富有个性和艺术性。

（三）调动“有我”的言语思维

进行读写结合的言语实践，必须始终重视调动学生的思维积极参与言语活动。学生的言语活动分内部言语形式和外部言语形式，内部言语是心灵之思，外部言语是运用感官、诉诸感觉的外显语言。学生的外部言语行为无一不受内在思维的主宰和支配。只有当“有我”的思维主动参与言语行为，才是一种主动的言语建构；也只有以思维为核心的语用，才不再是单纯地吸纳、机械地模仿文本简单技巧，而是从整体言意结合角度俯瞰的主动语用。如上述《广玉兰》读写结合，在有了言说对象和具体语境后，学生对于如何安排写作结构，如何在丰收稻田的多重景象中确定重点，如何选择不同的描写角度，如何采用对方能接纳的言语方式，要选用哪些修辞方法等也就有了明确的方向。只有有了表达主体“我”思维参与的筛选和甄别，并调动自身语言材料库进行合理的表述，“有我之景”才能打动人。

综上，教师在进行“有我之景”类文本教学时要引导学生与作者对话，深入作者的创作语境，经历作者表现写作目的的思维过程，解开言语密码，并在此基础上模仿作者写作的思维过程，设定言说对象，营造表达情境，选择表达形式，进行读写结合训练，只有这样才有可能深深根植于学生的言语系统，实现言语生长。

（此文原载《语文世界》2017 年第 9 期，有改动）

借人物关系图，提升读写效率

周信东

语言建构与运用是语文学科核心素养形成和发展的基础，习得、建构语言的主要途径是阅读，因此学会阅读是小学阅读教学的主要任务。约翰·D. 布兰斯特指出，“帮助学生发展必要的认知（智力）工具和学习策略”是使其学会学习的保证，小学生知觉经验以形象化为主，理解与思维过程由具象逐渐向抽象过渡，直观形象的人物关系图是一种符合小学生身心特点、辅助学生学会阅读的可视化学习工具。

人物关系图是通过阅读提取文章主次要人物，用线条和箭头连接，并用关键词标示人物之间所发生的关联，揭示文章主题和结构的可视化图表。它可以把复杂、抽象的文章转化为直观图表，有效帮助读者透过复杂事件的表象看到本质，深刻理解文章主旨，洞悉文章结构。借助人物关系图辅助阅读，适用人物之间关系复杂的写人记事类文本，既可以是单篇文选，也可以是整本书。

一、单篇文章阅读中人物关系图的运用

李毓秋、张厚粲提出：“作为语文学科关键能力核心的阅读理解能力，从由低向高的纵向水平要求来看，可以分为复述性理解、解释性理解、评价性理解和创造性理解四个基本层次。”借助人物关系图阅读，可以循序渐进地培养学生的阅读理解能力，建构语言，发展语文核心素养。

1. 借关系图把握内容，把文章读短

提取信息是基础阅读能力，学会从复杂的文本中快速准确地获取所需信息，能保证阅读活动顺利推进。绘制人物关系图首先要训练阅读提取信息的能力，比如厘清主次人物、捕捉关键词等。比如《无言的爱》（沪教版小学语文第九册第22课）“镜头一”：这部分出现了哪些人物？它们之间发生了什么事？哪个词能说明它们之间的关系？学生通过自读圈画可列出主要“人物”有母狗、4只小狗、母花猫；最能揭示它们之间关系的关键词是“乱跑”“急”“喂”。整合这些信息可绘成如图1左部所示人物关系图。（图1右部

“镜头二”系学生自主绘制）

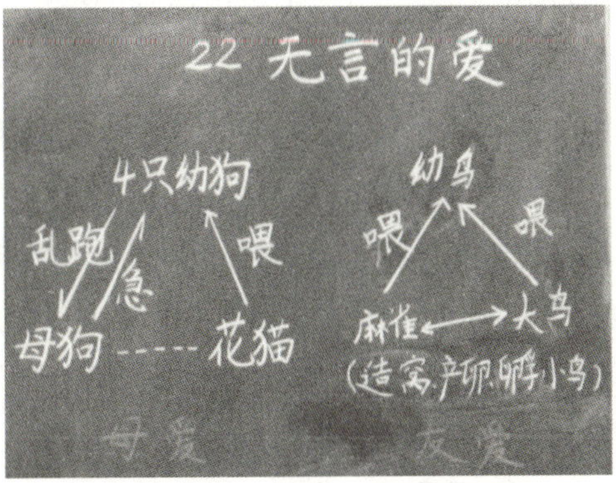

图1 《无言的爱》人物关系图

在提取信息绘制出人物关系图后，再回到文本，借之讲述文本所描述的故事梗概，在言语实践中把握文本“写了什么”，促进文本语言的内化。

在以上阅读文本、提取信息、绘制人物关系图、借助关系图复述内容的过程中，学生对文本字面信息进行直接推论，理解处于记忆水平，阅读理解能力处于复述性理解层次。

2. 借关系图揭示主题，把文章读透

读者阅读文章，常常要对所提取出的信息进行分析、比较、归纳、综合，进而读懂文章。写人记事类文本主题是通过具体事件表达出来的，在借助人物关系图把事件抽丝剥茧成几个关联的词语后，内涵就易于被发现了。如图1，狗和猫虽为死敌，但它们同对4只小狗展露出喂养和保护的天性，因为它们均是母亲，令人动容的是“母爱”。同样，通过对“镜头二”进行分析可知晓“友爱”，全文“爱”的主题一目了然。

像这样利用人物关系图整合从文本中提取出的信息，对文章做出说明解释，并结合已有知识经验、生活经验建构意义，领悟其思想内涵的做法，是对学生解释性理解能力的培养。

3. 借关系图分析结构，把文章读深

文章主题通常与结构有着密切联系，主题必须借助特定的结构形式来表现。直观的人物关系图能清晰地呈现文章结构，凸显文章主题。如《无言的爱》，作者为什么选择这两个“爱”的镜头？两个镜头的结构方式是否相同？表现手法是否一致？作者“为什么这样写”？在引导学生把握文章“写什么”之后，再研究“怎么写”“为什么写”的奥秘，利用图1并联系课文就会发现：两个镜头的写法同中有异。它们都采用了“现象 + 感受”的结构，不同之处是：“镜头一”是由电视节目主持人点出感受，“镜头二”是借房主之口说出感受；“镜头一”没有写环境，“镜头二”开头有环境描写。接着教师再引导学生进一步追问“为什么这样写”，在思维的挑战和碰撞中，作者写作时相似的事例在表达上的丰富与变化，就会潜移默化地影响学生。

借助人物关系图对文本内容和表达方法进行讨论和辨析，体会“怎么写”“为什么写”的表达效果，体现了对学生鉴别和欣赏能力的培养，即对文本内容和言语形式赞成不赞成的深度阅读，是对学生评价性理解层次的阅读训练。

4. 借关系图迁移运用，把文章读活

阅读与表达、建构与运用是不可分割的语文核心素养，语用理论观照下的阅读教学，更侧重学生语言文字运用能力的提升。在借助人物关系图进行逐步深入的阅读思辨，揭开文章表达方式的奥秘后，这种表达形式就可以迁移运用。比如可让学生围绕“爱”的主题确定一组人物，绘制它们（他们）之间的关系图，标出发生的关联。这既是对这种可视化工具的实践，更是写作前的构思，可以使学生的写作更有目的性，主题更聚焦，表达顺序、详略安排、遣词造句等更贴切。有学生画出如图 2 的构思图：

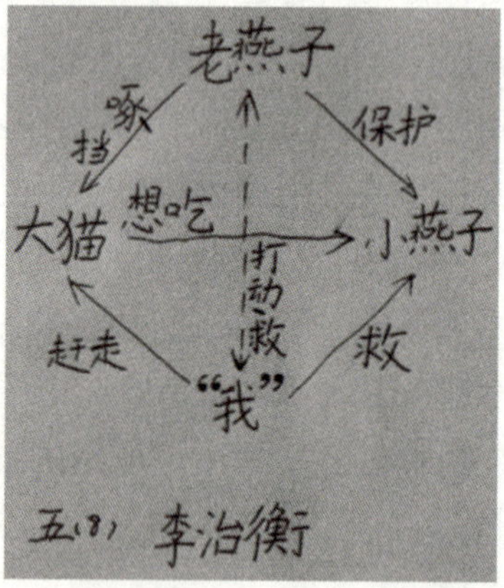

图 2 “镜头三”（仿写）人物关系图

从图 2 可知，小作者的写作目的是要表达长对幼的爱，重点写“猫想吃小燕子”和“老燕子保护小燕子”这两部分。小作者迁移运用“现象 + 感受”的形式，“感受”部分侧重“我”的心理和行为，在具体表现手法上也有变化，突出的是老燕子畏惧与勇敢的矛盾细节对比。这种迁移运用、模仿创作的语言文字实践，体现了对学生创造性理解能力的训练。

在单篇写人记事类文选阅读中，教师引导学生借助人物关系图先侧重倾听，以文本为本位，带着学生钻进去读透文本，完成复述水平和解释水平的阅读；再侧重述说，以学生为本位，走出来表达自我、建构自我，实现评价水平和创造水平的阅读。这是对阅读力四个层级的循序渐进式培养，整个学习过程以语言文字运用为主，通过这样的培养，学生的语文素养必然可以得到提升。

二、整本书阅读中人物关系图的运用

学生在借助教材例子学会运用人物关系图阅读后，课外可以通过这种方式阅读整本书。小学生阅读的文学类整本书以童话、小说为主，多有更长的篇幅和交叉的情节，较多的人物和复杂的人物关系。如果在阅读时列出书中主要人物，通过线条连接标示人物的关联，书里的故事、整本书的主题就易于理解了。如在阅读有“美国的《西游记》”之称的《绿野仙踪》时，有学生画出了如图 3 所示人物关系图：

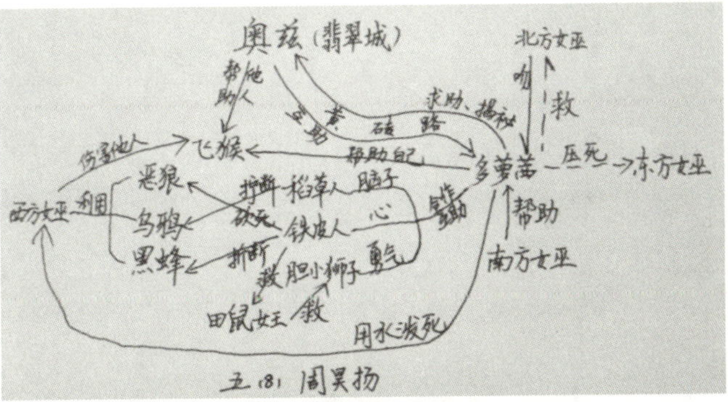

图 3　《绿野仙踪》人物关系图

参照图 3 可知，主人公多萝茜沿着“黄砖路”朝向“翡翠城”的成长历程直观而形象。一如雪登·凯许登指出的：“黄砖路象征成长之路，一路上有许多弯曲转折，表示自我实现的路途不仅曲折而且充满阻碍”，这是成长母题童书的共同特征。关系图中标出的正反人物以及他们之间发生的故事，即“弯曲转折”，串成了整本书的框架。结合关系图还可以发现，多萝茜的同伴稻草人、铁皮人、狮子所寻找的脑子、心、勇气，其实就是多萝茜想为自己寻找的特质。而西方女巫“代表奥兹国以及多萝茜心中所有‘坏’的部分”，包括恶狼、乌鸦、黑蜂，是对多萝茜造成致命威胁的反面人物，他们不断制造困难进行阻碍，以多萝茜为首的正面人物则不断战胜阻碍获得成长。这样，通过人物关系图，学生很轻松地就理清了复杂的人物关系以及情节的发展变化，读懂了一个个小故事间的联系，也就能深入理解整本书的主题了。像这样的沉浸式阅读，学生会把自己当作故事里的人物，和主人公共同经历挑战、获得成长，童书阅读的价值也就愈发深远。

借助人物关系图还可以发现童话的共性结构，荣格称之为“受难原型”，即“平衡→失去平衡→平衡”的过程：开始主人公（多萝茜）被迫离家，随后历经波折，最终女巫死亡、主人公获得新生。这种结构是大多数童话的共性特质，学生在读懂了“这一本”后，再阅读“这一类”成长母题故事就能触类旁通，阅读效率会大大提高，也就有更多时间和精力对书里的一些具体写作方法在整体观照下揣摩吸纳。

综上，人物关系图既可以作为阅读策略，辅助学生学会阅读写人记事的文章或整本书；也可以作为写作支架，在学生进行写作构思时运用，从而提升阅读和表达能力，发展语文核心素养。

（此文原载《语文知识》2017 年第 11 期）

三年级语文学法指导初探

朱徐来

美国未来学家阿尔温·托夫勒在《第三次浪潮》一书中指出："未来的文盲不再是不识字的人，而是没有学会怎样学习的人。"让学生学会学习是现代社会对教育提出的客观要求，也是培养学生自主发展能力的基础。

三年级作为小学第二学段的起始年级，在整个小学阶段的学习中起着承上启下的作用，它是学生能力培养和学习习惯养成的重要阶段，也是指导学生在具体的学习情境中掌握具体学习方法的最佳时段。要使三年级学生掌握一定的学习方法并具有选择和运用适当的学习方法进行有效学习的能力，教师必须在教学实践中找寻最优途径，给予学生最有效的学法指导。

语文素养是学生学好其他课程的基础，也是学生全面发展和终身发展的基础。在自主、合作、探究的语文课堂中，学法指导应以培养学生自主发展能力为出发点，致力于学生语文素养的形成与发展。对于教师如何在三年级语文教学中引导学生掌握行之有效的学习方法，合理运用学习方法在新的学习情境中获得迁移，从而学会学习，笔者有经验如下：

一、指导作批注

古人说"不动笔墨不看书"。三年级学生由于缺乏具体的方法指导，所做的课前自读的笔记往往比较空洞，比如随便从课文里抄几个词语或者摘录几句话，既没有理解性的说明，又看不出思维的"痕迹"，这种笔记是没有实效性的。课前自读时学生可根据课文及练习题进行思考，带着问题进行阅读，看到课文中有问题的答案就直接在书上画出来。动笔其实就是学生对自学情况进行整理，比如摘抄自己喜欢的词句，或是将自己不理解的语句、词语或自己认为有疑问的地方，在课文边进行批注或是注上标记，这样，在老师讲解课文的时候，也就容易心领神会了。

二、指导学会质疑

“学贵有疑”，学生在学习活动中发现问题、思考问题、解决问题，是主动参与教学动态过程的关键。从课题处启疑，教师要重视学生对各种现象的理解，首先倾听他们现在的想法，洞察他们这些想法的由来，并鼓励学生之间相互交流和质疑，了解彼此的想法，以此为根据，引导学生彼此丰富和调整自己的理解。

在学生交流核心问题探究结果的过程中，教师要能快速地辨别出哪些学生具有更高的悟性和理解力，敏锐地发现学生理解上的偏差、学生的疑惑、学生经验背景中已拥有和仍然缺乏的东西，判断学生理解的深度，从而果断地决定在何时介入讨论、以何种方式介入、如何做适当的点拨提升。

三、指导交流学法的能力

每个学生经历的学习过程不尽相同，在同一学习过程中所运用的学习方法也各有不同，教师引导学生交流和总结学习过程，不仅能起到取长补短的作用，而且还能优化每个学生的学习方法。

例如，学生记忆生字“晋”字，一个说“上面是一横，中间是个‘业’，下面是个‘日’，合起来是‘晋’”；一个说“上面是个‘亚’，下面是个‘日’，合起来是‘晋’”；第三个说“普通的‘普’字去掉两点，就是‘晋’字”。教师让大家比较这三个同学的记忆方法哪一个最好，学生分析后一致认为第三个同学的方法最好，因为最简便。这样的交流，实际上就是对学生自学生字方法的指导，目的在于引导学生运用最简单的方法记住生字。

四、指导进行个性化阅读

在自主、合作、探究的语文课堂上常常可以听到这样的课堂用语：“选择你喜欢的自然段来读一读。”这就体现了学生个性化阅读的自主性，学生可以根据自己的学习基础和阅读兴趣自主选择阅读材料，在个性化阅读中追求兴趣。

课堂上，教师应千方百计地把时间和空间还给学生，让学生真正成为阅读的主人，促进其个性化的发展。根据课文内容的特点，教师可打破原有有序的课堂教学组织形式，让学生自由组合，选择学习伙伴。必须强调的是，阅读活动中注重学生的自主性并不是一味地要求教师放弃对于阅读活动的主导作用。

五、指导培养纠错能力

学生在学习过程中总会发生这样那样的错误，这是不可避免的。而导致这些错误的原因，除了偶然的疏忽之外，通常在学习方法或者思维方法上确实有不足之处。教师要分析学生产生错误的根源，然后引导学生自己去寻找并加以消除。学生如果能够找到错误的原因并加以纠正，那就意味着他已经掌握了正确的学习方法。例如，教师指导用部首查字法查检“温馨”的“馨”字。学生按照以往掌握的部首查字方法，查“馨”字下半部分的“日”，可是“日”部查不到，而“香”又不是部首。教师发现学生查不到的原因是他们只知道从上、下、左、右寻找部首，于是就提示他们能不能从左上角找部首，学生顺着教师的提示，马上查“馨”字左上角的“士”部，于是找到了这个“馨”字。学生在纠正错误检字方法的同时，又学到了一种新的部首查字方法。

总之，语文这门学科是各科之本，学好它对每个学生来说都是受益无穷的；培养学生的语文爱好，让学生喜欢这门基本课程是学好语文的关键所在；如果教师再用灵活的方式去面对它，开动学生的思维，让学生把语文知识活学活用在生活中的每一个点滴，相信我们的每位同学都会喜欢上这门课程并学好它。

自主导引式高效课堂管理模式探究

朱徐来

“自主导引式”高效课堂是我校在教改行动中探索出的一套符合我校实际的课堂教学管理模式，它以“前置性学习、同步探究、自主学习检测、行为评价”为课堂组织四要素，力求多学少教、不教而教，从而从根本上发展学生自主学习、探究知识的能力，让学生会学习、讲策略。在课堂四要素中，“同步探究”是课堂显现部分最主体、最关键的要素，它要求教师在把握学生和教材的情况下，在相应的环节中收放自如地以小组合作、同桌互测、组间比赛、小老师演示等互动形式组织学习活动，同时了解学生动态，及时调整教学思路，转换教师教学主导者、课堂把控者的角色：有时，教师应“大胆放手”，给予学生充分的探究时间和机会，让他们成为“平等的首席”，充分尊重他们的探究成果和话语权，并在探究的基础上相机对学生的思维进行“点火”，使学生“跳一跳摘果子”，达成学习目标。有时，教师应“适度放手”，在学生的探究实施了一阶段后系统地对探究问题进行点拨提升，让学生从提升中对比自身理论和思维的差距，从而使课堂更开放、更富挑战性。

然而，在实际操作过程中，教师对如何“放”、怎么“放”、“放”之后怎样将学生发散的思维聚焦到环节子目标上，很难适度把握。课堂教学要么“放得太开”，各种合作探究的形式纷至沓来，使人眼花缭乱，无所适从；要么“放得过头”，当学生的研讨交流不时闪现思维火花时，教师没有因势利导，浪费了良好的“点火”契机；要么“不敢放手”，拘泥于教材中的知识和素材，局限于教师自己对文本的解读，学生也就在无休止的机械学习过程中失去了创造性。因此，课堂教学要行走在“放得准”与“收得巧”之间，做到“收放自如”“见好就收”，这是深度促进学生发展、提高课堂教学效益的必然要求，也是“自主导引式”课堂管理模式所要达到的一种理想状态和境界。

下面，我结合自己二年级语文的日常教学实践，谈谈个人对低年级语文课堂的“放”的思考。“同步探究”环节是课堂学习的主体部分，是解决核心问题达成课时目标的关键所在。二年级学生已具备一定的自学能力，掌握了一定的自学方法，学习热情较浓，活泼好动，注意力集中的时间短。这就要求教师能使教学活动在课堂上全面铺开，能有效达成教学目标，能构建平等、民主、和谐、共进的教学氛围，而要达到这样的目标，不仅需要教师敢于放手、适度放手，更要求教师自身不懈努力，从“形式、内容、节奏、效果”等方面对“放”展开优化配置。

一、全盘把握教材，抓准探究形式

在“同步探究”环节中，教师采取何种形式组织学生开展自主探究合作学习，通过何种手段检测这种自学方式的有效性，直接影响着教学目标的达成和教学的成败。低年级语文课义浅显易懂，教师对教材的理解与把握直接决定了其选择怎样的教法、选择怎样的教学设计、怎样组织学生进行自主探究学习。

因此，无论学生以怎样的形式合作探究学习，教师都必须对教材、学情、学法有准确、透彻、深刻、灵活的全盘把握。一方面，教师要客观理性地根据学生学情，在平时训练中指导学生磨出一套方便操作的自学方法。例如，在教学《快乐的节日》第一课时，让学生采用各种自学形式读通四小节结构相同的诗，自学形式有同桌互相检测读生字词、小组合作练读课文、小组间进行课文赛读等。让生生合作在同一时间对生字词、课文的朗读进行同步探究，通过检测、纠正、有效评价的形式激荡脑力。事实证明，整个“同步探究”过程比较顺畅，各个环节设置合理，可操作性强，学生的状态十分投入。

另一方面，教师要站在课程目标的角度纵观全局，对教材总目标、每个环节子目标了然于胸。例如，教学《真想变成大大的荷叶》第二课时，我的教学目标重点明确，将文本分为两个层面来探究。第一层面，将教学目标的重点落实在有感情的多形式朗读中。第二层面，将教学目标的重点落实于学生小组合作讨论中，相机点拨升华，让学生感悟到“我”从索取到奉献的心理飞跃。因为该文是一首优美的诗歌，明白小作者的匠心独具固然重要，有感情的朗读自然也必不可少。

不同类型的文本适合采取不同的策略来组织学生以相应的形式合作自学，若教师缺乏对教材的深入把握与透彻分析，必将使学生的自学流于形式而粗糙低效。

二、紧扣核心问题，抓实教学内容

“同步探究”环节必然指向教学任务中需要共同解决的核心问题。所谓“核心问题”，是相对于课堂教学中那些过多、过细、过浅、过滥的提问而言的，是指在课文阅读教学中能起主导作用，能引发学生积极思考、讨论、理解的问题，也是能对文本的学习起到“牵一发而动全身”的问题。在低年级语文阅读课教学中，一个引领全篇的核心问题，可以使整节课教师的教学和学生的学习有章可循，可以使师生在“同步探究”中有的放矢、目标明确。例如，在教学《蚂蚁和蝈蝈》第二课时，我反向分析文本，通过最后一小节引出“蚂蚁和蝈蝈为什么会有如此不同的结果?”这一核心问题，让学生放手展开合作探究，从而摄住文本的魂魄。

“核心问题”一头连接着核心内容、核心目标，另一头则连接着学生，在设计上必须基于学生所处年龄段的发展水平和兴趣，所以正确地预测学生的知识水平和最近发展区是设计“核心问题”的基础，因此，在“同步探究”环节抛出核心问题让大家共同讨论前，教师必须正确地预测学生的最近发展区，确定好学生的起点状态，不可盲目将无效问题抛给学生而浪费宝贵的课堂探究时间。

三、明确目标分工，把控场面节奏

生本课堂中，教师组织学生学习活动最普遍的是四人小组合作学习。在合作学习中，我们看到的往往是教师对课堂节奏和交流场面的把控失当。要么“放得太开”：合作形式眼花缭乱，合作场面热闹非凡，耗时过多但收效甚微，学生的思维领域没有开启；要么“场面失衡”：由于四人小组的组员是思维速度、学习能力有高下的学生之间的异质搭配，所以小组讨论、探究的过程往往成为优等生的“独奏曲”。因此，教师与其以耗费“同步探究”的黄金时间为代价来换取学生低效的学习成果，不如在教前做好充分的应对策略，把握好“放”的节奏与开合度。

我在教课文第一课时检测学生过课文朗读关时，通常这样做：在合作前让组长明确组员发言的顺序和分工，并出示明确的合作目标和具体要求：第一，组长组织，互相纠正，要求读得准确、流利，有感情。第二，课文分若干小节的，可以每人读一小节，也可以四人齐读，读时给不懂的词语做个记号。第三，读完后选择组员最喜欢的一小节在全班展示，小组间比赛。这样做不仅可以让学生有明确的学习目标，还可以让学生学会自学的方法，是一个学法的指导。同时，我在听取小组汇报展示时充分尊重小组合作的意见，让他们自主选择朗读课文的方式——齐读或者派一个代表读，做到“有主有辅有秩序”。从这样操作的效果来看，学生课堂参与度较高，小手林立，每个人都调动起了积极性，没有一个学生游离在小组之外。

四、聚焦学生发展，激赏自学成果

自主学习过程不是一个封闭系统，也不能够拘泥于预先设定的程式，而必须潜在或开放地接纳始料未及的新体验、新发现，鼓励师生在互动过程中的即兴发挥，超越目标预定的要求，形成更有学习价值的生成性资源。在整个探究过程中，教师应充分重视学生在互动中生成的思维火花，聚焦学生在学习兴趣、能力、知识水平等方面的个体发展。这就要求教师必须充分利用教学评价的指挥棒作用，对学生的自学成果持激赏态度，对学生的探究行为予以高度肯定。

以我的课堂为例，在“同步探究”环节学生进行自学成果展示或各抒己见发言时，我都以欣赏的目光、接受的态度品味学生的行为，激励其发展。我把学生的表现和评价册紧密结合起来，及时给予敲星奖励，让他们在学习过程中时时获得肯定。我还注重生生互评，鼓励学生根据自身水平在课堂中不断丰富评价句式、拓展评价语汇。若展示的是朗读成果，我会指导学生在互评中把对朗读评价句式的指导渗透于发言，在听完某个学生个性化的朗读后，另一个学生就告诉全班怎样评价对被评者指导意义更大，让学生充分利用评价指挥棒的作用，互相促进良好学习行为习惯的养成。一开始，我会做评价示范，告诉他们怎样的评价比较妥帖。当学生掌握一定句式、储备一定语汇、建立一定标准后，我就大胆放手，让学生通过做小老师、小考官的方式检测评价他人的朗读。

学生在评与被评的过程中接受了方法，得到了肯定和鼓励。事实证明，在放手让学生自学时渗透评价指挥棒的作用对学生自身学科兴趣的培养、学习自信心的树立起着至关重要的作用。

《语文课程标准》明确要求：“全面培养学生的语文素养；积极倡导自主、合作、探究式的学习方法；努力建设开放而有活力的语文课堂模式。”这一全新的语文课程理念与“自主导引”式高效课堂管理模式不谋而合，大大激发了教师的教学热情和学生的学习兴趣，也使得生本课堂成为真正开放、灵动的课堂。教师在其中虽然“不见其形”，却着实扮演着为学生自学指明方向的“生命的牧者”之重要角色。因此，从实践中探索挖掘教师应该朝着怎样的方向去努力，如何更挥洒自如地把控课堂，对于现行的教学有着极大的价值与意义。我作为一线教育工作者对此进行了一些粗陋浅薄的思考。一孔之见尚微，我呼唤更多的同行关注自己的生本课堂，形成更多有价值的观点来指导我们的日常教学工作。

参考文献

郭思乐．教育走向生本［M］．北京：人民教育出版社，2001.
郭思乐．谛听教育的春天［M］．合肥：安徽教育出版社，2008.
周庆元．语文教学设计论［M］．桂林：广西教育出版社，1999.
李如密．教学艺术论［M］．济南：山东教育出版社，1998.